© Verlag Zabert Sandmann GmbH, München
1. Auflage 1996

Konzeption/Rezeptbearbeitung:	Werner Meisinger
Redaktion:	Gertrud Köhn
	Angelika Schlenk
Grafische Gestaltung/DTP:	Michael Knoch
	Georg Feigl
Fotos:	Alexander Haselhoff (Reportage)
	Christian Schulz (Rezepte)
Herstellung:	Peter Karg-Cordes
Lithografie:	inteca Media Service GmbH, Rosenheim
Druck:	OAN – ein Betrieb der Interdruck Graphischer Großbetrieb GmbH, Leipzig

ISBN 3-924678-91-X

Karl und Rudolf Obauer

Das Neue
österreichische
Kochbuch

230 Klassiker und neue Kreationen

mit Fotos von
Alexander Haselhoff und Christian Schulz

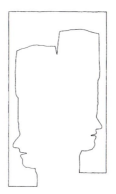

Inhalt

VORWORT

Das Land und seine Küche

Seite 6

VORSPEISEN

Vorspiel und kulinarische Miniaturen

Seite 16

SUPPEN

Mit einem Schöpfer Liebe

Seite 52

FISCH

Frisch aus See, Fluß und Meer

Seite 70

OHNE FLEISCH

Kraut, Rüben und anderes Gemüse

Seite 98

DIE GROSSEN KLASSIKER
Gerichte mit Geschichte
Seite 122

KREATIVE KÜCHE
Frei nach der alten Schule
Seite 156

HAUSMANNSKOST
Ländliches und Deftiges
Seite 180

SÜSSES
Desserts, Mehlspeisen und süße Schmankerl
Seite 206

GRUNDREZEPTE
Standards der guten Küche
Seite 236

Register & Lexikon
Seite 236

VORWORT

Das Land und seine Küche

Millionen Besucher kommen Jahr für Jahr nach Österreich. Wegen der schönen Landschaft, der Kultur und der Feste, gewiß aber auch wegen der Art, wie hier gekocht wird. Die Österreicher selbst sind sich dabei sehr bewußt, daß sie vom Essen und Kochen was verstehen. „Gutes Essen hält Leib' und Seel' zusammen", sagen sie. Was könnte es Wichtigeres geben? Dieses Buch ist ein Lob auf die österreichische Küche. Einer erstaunlich vielfältigen Küche, wenn man die geringe Ausdehnung des Landes in Betracht zieht, und einer erfreulich modernen und inspirierten Küche, wenn die Gerichte von den richtigen Köchinnen und Köchen zubereitet werden.

Karl und Rudolf Obauer, die Autoren dieses Buches, zählen gewiß zu den aufregendsten Interpreten der guten Küche Österreichs. Selbst für die Zubereitung der großen Klassiker wissen sie noch den einen oder anderen Tip, der die bekannten Gerichte immer noch ein wenig schmackhafter machen kann.

Das Spektrum der Spezialitäten und Schmankerln aus Österreich ist wahrhaft bemerkenswert und ein Spiegel der landschaftlichen Gegensätze. Von den hochalpinen Regionen geht es hinunter in die tiefen Ebenen des Burgenlandes, die weit hinein nach Ungarn reichen. Die Hügel der Steiermark erstrecken sich in langen Wellen gegen den milden Süden, am Hochplateau das Waldviertels weht hingegen die meiste Zeit des Jahres ein rauher Wind. Jede Gegend hat ihr eigenes Mikroklima, das das Gedeihen ganz typischer landwirtschaftlicher Spezialitäten fördert. Das Marchfeld im Umland Wiens ist berühmt für seine Spargel, in der südlichen Steiermark – und fast ausschließlich dort – werden Kürbisse für die Gewinnung des Kernöls angebaut, im Waldviertel wächst der Mohn in vielen Sorten. Naturgemäß hat man in jeder dieser Regionen auch eine eigene Art zu kochen.

Melange aus regionalen Küchen

Wer von einer österreichischen Küche spricht, meint eine Melange aus zahlreichen, sehr charakteristischen regionalen Küchen. „Die österreichische Küche gibt es genausowenig wie es eine allgemeine chinesische Küche gibt", konstatieren deshalb manche Küchentheoretiker, und tatsächlich liegen zwischen den gefüllten Paprika des Burgenlandes und den Kässpätzle Vorarlbergs keine kleineren kulinarischen Welten als zwischen einem kantonesischen Fischsüppchen und einem mongolischen Feuertopf. Bergkäse und Räßkäs', die dem Vorarlberger für seine Spätzle unentbehrlich sind, kennt man im Burgenland nur vom Hörensagen; Paprikapulver und Paradeismark, die am pannonischen Ende Österreichs eine so große Rolle spielen, zählen in Vorarlberg zu den eher exotischen Ingredienzen. Man könnte noch zahlreiche andere Beispiele für das weite Spektrum der österreichischen Küche nennen. Die berühmten

Delikatessen aus erster Hand. Forellen für Obauers Spezialitäten werden unweit von Werfen gezüchtet.

Landschaften hinterlassen ihre Spuren bei Mensch und Küche.

Palatschinken etwa spielen eine tragende Rolle in der Wiener Mehlspeisküche und werden im Osten Österreichs auch gern als Hauptgericht gegessen, in anderen Landesteilen jedoch bringen sie es auf keine bemerkenswerte Popularität. Was die Wiener den anderen Österreichern an Mehlspeisen voraus haben, das geht ihnen in der Fischküche ein wenig ab. Hierzu liefert das Salzkammergut wieder Dutzende Kochideen. In Kärnten stehen Kas- und Fleischnudeln im Status unverzichtbarer Genuß- und Lebensmittel, im Rest von Österreich werden solche Nudeln aber nur sehr selten zubereitet.

Von Okra bis Sojasauce – neue Zutaten, neue Gewürze

In diesem Buch werden die schönsten Façetten der Kochkunst in Österreich präsentiert. Die Rezepte erstrecken sich von den großen Klassikern und den Standards der regionalen Küchen bis hin zu völlig unerwarteten Kochideen, konkret vom Wiener Schnitzel in seiner besten Zubereitungsart bis zu Hühnertascherln mit Tomatensauce. Über die konventionellen Zutaten hinaus werden auch jene Zutaten verwendet, die erst in den letzten Jahren bei uns bekannt oder beliebt geworden sind. Das Angebot an Gemüse, Fisch, Kräutern und Gewürzen ist heute so groß wie nie zuvor. Man sollte diese Vielfalt nutzen!

VORWORT

Wie man Sojasauce, Balsamicoessig, frisches Basilikum, Austern- und Shiitake-Pilze, Rucola oder Kirschtomaten aufs beste mit konventionellen Zutaten der österreichischen Küche kombiniert, lesen Sie in diesem Buch. Gesottene Kalbszüngerln beispielsweise harmonieren wunderbar mit dem bisher in österreichischen Kochbüchern recht unberücksichtigtem Okragemüse (das Rezept dazu steht auf Seite 193). Einer Wildsauce kann durch die Zugabe von Ingwer zu einer besonders pikanten Note verholfen werden (Seite 150). Mit Ricotta gefüllte Tascherln – oder sollte man lieber Ravioli sagen? – sind die perfekte Einlage für eine Frühlingskräutersuppe (nachzuschlagen auf Seite 64).

In diesem Buch finden die neuen Zutaten selbstverständlich und unkompliziert Verwendung, für noch mehr Geschmack und noch mehr Freude am Kochen. Deshalb der Titel: Das neue österreichische Kochbuch. Eine neue Küche, eine Küchenrevolution im Sinne der Nouvelle Cuisine soll damit jedoch nicht ausgerufen werden. Die österreichische Küche ist auch bisher ganz gut ohne Revolutionen ausgekommen. Was diesem Buch zusätzlichen Reiz verleiht, ist die pfiffige Verbindung des Traditionellen mit Inspirationen aus anderen und exotischen Küchen. Auch beim Kochen werden die Grenzen zusehends unbedeutender, die Eßgewohnheiten ändern sich

Erntezeit ist Einkochzeit. Abgesehen von Birnen-, Kirschen- und Apfelkompott machen die Brüder Obauer auch Spezialitäten wie Sanddornkompott.

Kalt geräuchert, warm gegessen. Räucherforellen eignen sich auch als Fülle von Palatschinken.

Makellos müssen die Kerne für das berühmte Kürbiskernöl der Steiermark sein.

VORWORT

rascher als je zuvor, die kulinarischen Entwicklungen vollziehen sich heute mit phantastischer Geschwindigkeit.

Nur wenige Jahre hat es gedauert, bis sich Gerichte wie Tiramisu, Mozzarella & Tomaten oder Schweinefleisch süß-sauer im Speiseplan vieler Österreicher etablierten. Mit ein wenig Geschmack und Phantasie kann man leicht auf ähnlich leckere Kombinationen kommen. Karl und Rudolf Obauer ist zum Beispiel „Hendl mit Ingwer und Soja im Reisteig" eingefallen, weiters „Grüne Bohnen mit Pfirsich" oder „Saiblingslasagne".

Die Bauern sind die wichtigsten Partner der Köche im Bemühen um eine schmackhafte Küche.

„Immer schaun, was gut ist!" Die Brüder Obauer verkosten die Tiroler Schnäpse von Günter Rochelt (links).

IMPROVISATION ALS MITTEL ZUM ERFOLG

Nicht zuletzt wird durch dieses „Neue österreichische Kochbuch" auch die zeitgemäße Kunst des Weglassens gefördert. Die beiden Autoren zeigen, wie es geht: Bei zahlreichen Gerichten haben sie sich auf ganz wenige Zutaten beschränkt, denn auch eine einfache Küche kann delikat und voller Phantasie sein. Eines der simpelsten Gerichte sind Erdäpfel mit Grappa und Kaviar. Die sind mit wenigen Handgriffen zubereitet und bestehen auch vor den kritischen Gaumen der Gourmets. Keine weitere Zutat könnten die Grappa-Erdäpfel köstlicher machen. Zweitens ist die Kunst des Weglassens bei der Interpretation jener Zutaten-Listen nützlich, die recht umfangreich geraten sind. Wenn da bei einem Gericht gleich mehrere Essigsorten, verschiedene Öle oder zahlreicher Kräuter und Gewürze angeführt sind, so ist das nur als herzliche Empfehlung zu verstehen. Wenn man alles, was in diesen langen Listen steht, leicht besorgen kann, so ist das optimal. Unbedingt erforderlich ist es nicht. Wie jeder weiß, ist in der guten Küche auch Improvisation ein probates Mittel zum Erfolg.

Bei aller Inspiration – Kochen ist vor allem Handwerk. Karl Obauer plaziert Passionsfruchtmousse.

VORWORT

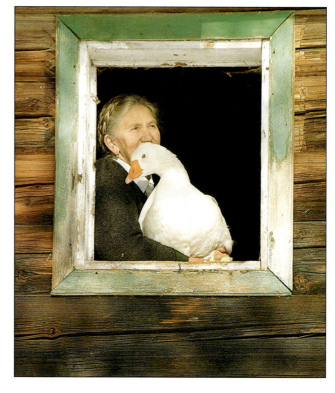

Ein Land prägt seine Küche. Gute Küche ist fast immer auch eine regionale Küche.

DIE AUTOREN

Karl und Rudolf Obauer

Die Brüder Karl und Rudolf Obauer sind bekannt für ihre äußerst schmackhafte Küche. Ihr Restaurant-Hotel in Werfen (Salzburg) wird von der Gastronomiekritik mit Bestnoten gewürdigt. Der unverwechselbare Stil der Obauerschen Küche liegt in einer Konzentration auf das Wesentliche begründet. Das Wesentliche aber ist der Geschmack. Karl und Rudolf Obauer beschränken sich daher auf Zutaten von ausgesuchter Qualität, von denen sie viele von den Landwirten der unmittelbaren Umgebung beziehen. Der Fischteich, aus dem die Obauers ihre Forellen und Lachsforellen beziehen, liegt nur wenige Gehminuten von Werfen entfernt in einem idyllischen Waldstück. Die Eier stammen von freilaufenden Hühnern eines nahen Bergbauernhofes. Produkte aus Massentierhaltung kommen den Obauers nicht ins Haus. Aus Prinzip nicht, aber auch deshalb nicht, weil nur das Fleisch von artgerecht gehaltenen Tieren optimal schmeckt.

> *„Meine herzlichen Glückwünsche an die Gebrüder Obauer, die mit viel Gefühl Kochkunst in ihrer schönsten Form präsentieren. Ihre Rezepte haben stets Bezug zu den Wurzeln der Region, und doch erfüllen sie alle Kriterien einer modernen Küche."*
>
> **Paul Bocuse**

Guter Geschmack ist für Karl und Rudolf Obauer keine Frage luxuriöser Ingredienzen. Zwar werden in ihrem Restaurant oft auch Trüffeln und Kaviar verwendet, aber ebensogut verstehen sich die Brüder Obauer auf die Verfertigung großer Köstlichkeiten aus ganz alltäglichen Zutaten. Mit viel Phantasie und Gestaltungskraft versehen sie altbekannte Gerichte mit aufregend neuen Façetten. Obauers Forellenstrudel beispielsweise könnte als Weiterentwicklung des klassischen „Lachs in Blätterteig" verstanden werden, ist aber wesentlich raffinierter im Geschmack. „Ochsenschlepp mit Erdäpfelpüree" klingt sehr nach alter Hausmannskost, in der Interpretation von Karl und Rudolf Obauer jedoch wird das Gericht zu einem Glanzlicht kulinarischer Feste ...

Ihre Ausbildung erfuhren die Brüder Obauer in Spitzenrestaurants des In- und Auslands. Rudolf Obauer absolvierte darüber hinaus kulinarische Studienjahre in Frankreich, wo er mit so vorzüglichen Küchenkünstlern wie Jean und Pierre Troisgros, Alain Chapel und Emil Jung kochte.

Auch heute noch, da sie längst selbst zu den großen Köchen zählen, unternehmen Karl und Rudolf Obauer regelmäßig Reisen zu den höchstdekorierten Gourmetrestaurants. Eine persönliche Neigung führt sie immer wieder nach Ostasien, wo sie zusätzlich Inspirationen für ihre Küche gewinnen.

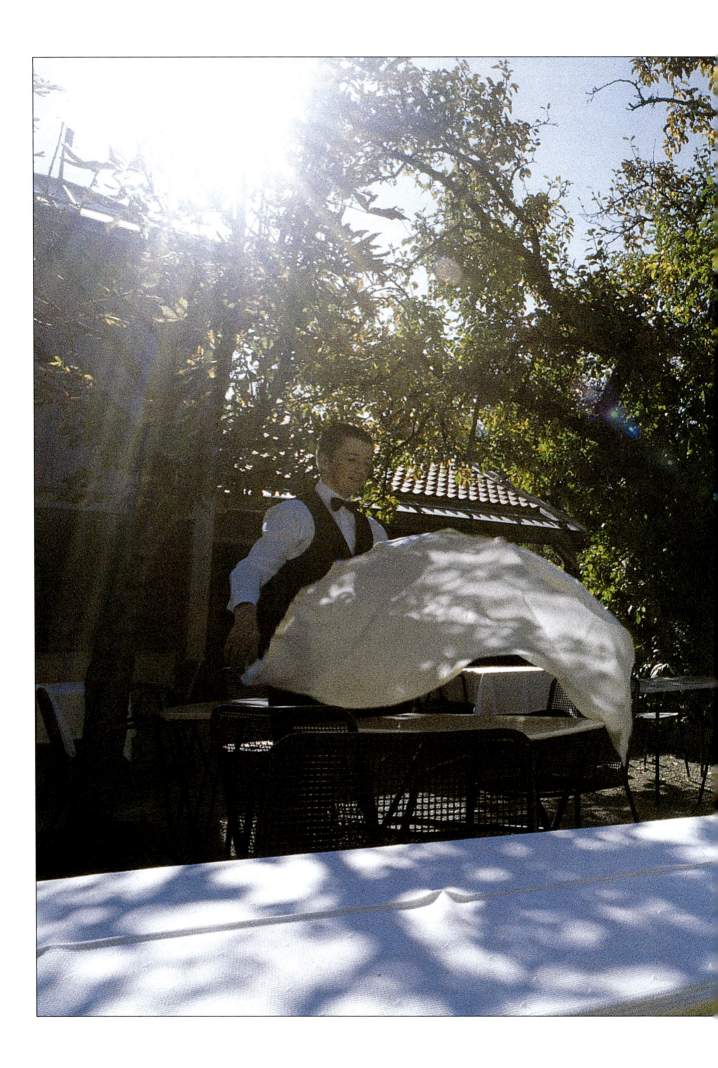

Vorspeisen

VORSPIEL UND KULINARISCHE MINIATUREN

Auberginencreme mit Sardellen

Zutaten für 8 Personen

- 3 Auberginen à 400 g
- 3 Schalotten
- 3 Knoblauchzehen
- 200 ml Olivenöl
- 70 g Sardellen
- 2 EL Sauerrahm
- 2 EL Crème fraîche
- evtl. gemahlener Kreuzkümmel
- Chilipulver
- 20 Kirschtomaten
- ein paar Kresseblättchen (oder andere Kräuter)
- Salz
- Pfeffer

1. Die Auberginen in Würfel schneiden, in reichlich gesalzenes Wasser legen und 1/2 Stunde wässern. Das Wasser abgießen.

2. Schalotten und Knoblauch schälen, die Schalotten blättrig, den Knoblauch in kleine Würfel schneiden. Auberginen, Schalotten und Knoblauch im Olivenöl anbraten, die restliche Zutaten (außer Tomaten und Kresse) zugeben und alles 1/4 Stunde schmoren. Das Gemüse mit dem Stabmixer pürieren und abkühlen lassen.

3. Die Tomaten halbieren. Die Creme in Suppenteller geben und mit den Tomaten und Kresseblättchen dekorieren. Dazu paßt Bauernbrot oder gebratenes Weißbrot.

Wachteleierragout

Zutaten für 4 Personen

- 12 Wachteleier
- 2 Schalotten
- 2 Knoblauchzehen
- 1/2 l Rotwein
- 1 EL Zucker
- 4 Scheiben Schinken
- evtl. 8 Scheiben Rindermark
- 3 bis 4 EL geriebener Parmesan
- 1 bis 2 EL frische gehackte Kräuter (z.B. Petersilie, Schnittlauch, Kerbel)
- Salz
- Pfeffer

1. Die Wachteleier 10 Minuten kochen, mit kaltem Wasser abschrecken und schälen.

2. Schalotten und Knoblauch schälen und blättrig schneiden, mit Rotwein und Zucker so lange kochen, bis die Flüssigkeit auf 1/8 Liter reduziert ist.

3. Den Schinken in Streifen schneiden. Die Eier auf vier kleine Schüsseln verteilen, mit Schinken bestreuen und nach Belieben mit Rindermark belegen. Den reduzierten Rotwein darübergießen, mit Parmesan bestreuen und 5 Minuten im 230 Grad heißen Backrohr überbacken.

4. Das Eierragout mit Kräutern bestreut servieren.

Gefüllte Champignons in Reismehl-Panier

Zutaten für 4 Personen

28 Champignons (größere Köpfe)

2 Schalotten

2 EL Butter

60 g Bergkäse

2 EL frisch geriebener Parmesan

1 EL frische gehackte Kräuter (z.B. Bärlauch, Kerbel, Petersilie)

Mehl zum Wenden

4 EL Reismehl

Öl zum Backen

Salz

Pfeffer

Für die Sauce:

1 Ei

4 EL Sauerrahm

1 Msp gepreßter Knoblauch

1 Spritzer Sojasauce

Salz

Pfeffer

1. Die Champignonstiele aus den Köpfen brechen, putzen und kleinschneiden. Die Schalotten schälen und kleinschneiden. Die Schalotten mit den geschnittenen Champignonstielen in Butter anschwitzen.

2. Den Bergkäse kleinschneiden. Bergkäse und Parmesan mit der Pilz-Schalotten-Mischung verrühren und mit Salz und Pfeffer würzen. Die Kräuter ebenfalls untermischen.

3. Die Champignonköpfe mit dieser Mischung füllen und in Mehl wenden.

4. Das Reismehl mit 4 EL kaltem Wasser verrühren, es soll eine pastenartige Masse entstehen. Die Champignons in Reismehl wenden, so daß sie rundum benetzt sind. In heißem Öl etwa 2 Minuten backen.

5. Für die Sauce das Ei hart kochen, schälen und reiben. Das Ei mit Sauerrahm, Sojasauce, einem Hauch Knoblauch, Salz und Pfeffer verrühren.

6. Die Champignons mit Sauce und Salat servieren.

K. und R. Obauer

Statt in Reismehlpaste kann man die Champignons auch in angerührtem Tempurapulver wenden. Sie werden dann noch knuspriger.

Gefüllte Zucchiniblüten

Zutaten für 4 Personen

8 Zucchiniblüten mit etwa 4 cm langem Stiel

1 kleiner Zucchino

1 rote Paprikaschote

6 Champignons

6 Schalotten

Olivenöl zum Braten

1 Spritzer Sardellenpaste

3 EL Topfen oder Ricotta

1 Eiklar

1 EL Semmelbrösel

1 EL frische gehackte Kräuter (z.B. Petersilie)

2 Knoblauchzehen

1 Rosmarinzweig

1 Thymianzweig

1 Spritzer Balsamicoessig

etwas grobgeriebener Parmesan zum Bestreuen

Salz

Pfeffer

1. Zucchino, Paprika, 3 Champignons und 2 Schalotten putzen bzw. schälen und kleinschneiden. In 2 EL Olivenöl etwa 10 Minuten dünsten, bis die Flüssigkeit verdampft ist. Das Gemüse abkühlen lassen.

2. Das Gemüse mit Sardellenpaste, Topfen oder Ricotta, Eiklar und Semmelbröseln vermischen. Mit Kräutern, Salz und Pfeffer abschmecken. Die Zucchiniblüten mit dieser Masse füllen. Das Backrohr auf 200 Grad vorheizen.

3. Ein wenig Olivenöl in einen Schmortopf gießen, die restlichen grob geschnittenen Champignons, die restlichen geschälten und kleingeschnittenen Schalotten und die geschälten und gepreßten Knoblauchzehen zugeben. Die Zucchiniblüten einlegen und Thymian- und Rosmarinzweig zugeben. Die Zucchiniblüten 12 bis 15 Minuten im Rohr schmoren.

4. Die Zucchiniblüten samt den mitgebratenen Champignons, Schalotten und Knoblauchzehen auf Teller geben. Mit Paradeiserkompott (siehe Seite 250) überziehen und mit einem Spritzer Balsamicoessig aromatisieren. Mit Parmesan bestreuen.

K. und R. Obauer

Dazu paßt Pestobrot (siehe Seite 245).

Sommergemüse in Salat

Zutaten für 8 Personen

- 1 Aubergine
- 1 Zucchino
- 1 Karotte
- 1 kleine Zwiebel
- evtl. 2 Tomaten
- 1/8 l Olivenöl
- 1 Knoblauchzehe
- 1 TL getrockneter Oregano
- 1 Msp Cayennepfeffer
- 1 Häuptelsalat
- Zitronensaft
- evtl. Kürbiskernöl
- 1 Prise gemahlener Koriander
- evtl. etwas geriebener Parmesan
- Salz
- Pfeffer

1. Die Aubergine in Scheiben schneiden, in gut gesalzenes Wasser legen und 1/2 Stunde durchziehen lassen (mit der austretenden Flüssigkeit verliert die Aubergine ihre Bitterstoffe).

2. Den Zucchino putzen, am besten mit 1 EL Salz kräftig abreiben und danach waschen; diese Methode eignet sich auch für Gurken, die man mit der Schale verwenden will). Den Zucchino in Würfel schneiden.

3. Die Karotte schälen und auf der groben Seite einer Küchenreibe reiben. Die Zwiebel schälen und fein schneiden. Eventuell zwei Tomaten enthäuten, entkernen und in Würfel schneiden.

4. Die Auberginenscheiben aus der Flüssigkeit heben und in Würfel schneiden.

5. In einem großen Topf das Olivenöl erhitzen, die Auberginenwürfel darin gut anschwitzen und Zucchino und Zwiebel zugeben. Wieder kurz dünsten. Karotte und gepreßte Knoblauchzehe einrühren. Ganz zum Schluß die Tomatenwürfel unterziehen. Mit Salz, Pfeffer, Oregano und Cayennepfeffer würzen. Das Gemüse abkühlen lassen.

6. Schöne Blätter vom Häuptelsalat ablösen, waschen und trockentupfen. Mit dem Gemüse belegen und zu Rollen einschlagen. Mit Zitronensaft und Olivenöl oder Kürbiskernöl beträufeln, eventuell mit Koriander und Parmesan bestreuen.

K. und R. Obauer

Dieses Gericht ist leicht und erfrischend und daher eine ideale Vorspeise für die heiße Jahreszeit. Beim Würzen sollte man einen frischen, feurigen Geschmack anstreben, also mit Cayennepfeffer ruhig ein klein wenig großzügiger umgehen. Zusätzlich zum Olivenöl kann man die Salatrollen auch mit Chiliöl bespritzen. Das Auberginengemüse läßt sich vielfältig mit anderen Sommerdelikatessen kombinieren: Beispielsweise schmeckt es mit kaltem Spargel, marinierten Fischen, rohem Kalbsfilet oder – und vor allem – mit kaltem Hummer (diesen mit Olivenöl und Zitronensaft beträufeln).

Ricotta-Spargel-Terrine

Zutaten für 15 Portionen

- 500 g Spargel
- 20 g Butter
- 500 g Ricotta
- 30 Bärlauchblätter
- 100 g getrocknete Tomaten
- 2 EL frische gehackte Kräuter
- Paradeiserkompott (siehe Seite 250)
- Balsamicoessig und Olivenöl zum Beträufeln
- evtl. Kräutermischung (siehe Seite 239)
- Salz
- Pfeffer

Für das Gelee:
- 1/2 l Geflügelfond
- 60 ml trockener Vermouth (z.B. Noilly Prat)
- 2 EL Geleepulver oder 7 Blätter Gelatine
- Salz

1. Den Spargel schälen, die holzigen Enden wegschneiden und den Spargel in Salzwasser mit ein wenig Butter 1/4 Stunde kochen.

2. Den Geflügelfond mit Vermouth aufkochen, das Geleepulver einrühren (bei Verwendung von Blattgelatine diese zuvor in kaltem Wasser einweichen und anschließend ausdrücken), salzen und pfeffern. Die Flüssigkeit abkühlen lassen.

3. Den Ricotta mit 1/8 Liter Gelee verrühren.

4. Eine Terrinenform (30 cm lang, 10 cm breit) in eiskaltes Wasser stellen. Ein wenig Gelee in die Form gießen. Die Bärlauchblätter durchs Gelee ziehen und die Form damit auslegen. Die Hälfte des Ricottas in die Form füllen, glattstreichen, die Hälfte des gekochten Spargels darauflegen und mit Gelee bedecken. Mit getrockneten Tomaten belegen. Den Rest von Ricotta und Spargel in die Form schichten, mit Bärlauchblättern und Gelee abschließen. Die Terrine vor dem Servieren 3 Stunden kühlen.

5. Die Terrine aus der Form stürzen und in Scheiben schneiden. Mit Paradeiserkompott, Olivenöl, Balsamicoessig und frischen Kräutern anrichten. Eventuell auch mit Kräutermischung bestreuen.

Spargel-Erdäpfel-Terrine mit Weinsauce

Zutaten für 1 Terrine mit 15 Portionen

- 300 g mehlige Erdäpfel
- 10 mittelstarke Stangen Spargel
- 1 TL Zucker
- 3 Schalotten
- 1 EL Erdnußöl
- 1 Knoblauchzehe
- 400 ml Schlagobers
- 1 Msp gemahlener Kümmel
- 1 Msp gemahlener Koriander
- 2 TL Geleepulver
- Häuptelsalat
- ein paar Bärlauchblätter
- Salz
- Pfeffer

Für die Weinsauce:
- 1 Schalotte
- 1 TL Erdnußöl
- 1 TL Butter
- 1 Knoblauchzehe
- 400 ml Weißwein
- 100 ml Weißweinessig
- 1/8 l Spargelfond
- Butter zum Binden
- Salz
- Pfeffer

1. Die Erdäpfel kochen, schälen und blättrig schneiden.

2. Den Spargel waschen und schälen, die holzigen Enden wegschneiden. Den Spargel in Wasser mit Zucker und Salz bißfest kochen, in Eiswasser abschrecken. Den Spargelfond für die Zubereitung der Sauce aufbewahren.

3. Die Schalotten blättrig schneiden und in Erdnußöl anschwitzen. Den geschälten und gepreßten Knoblauch einrühren und mit Schlagobers aufgießen. Aufkochen, mit Salz, Pfeffer, gemahlenem Kümmel und Koriander würzen, Geleepulver und Erdäpfelscheiben einrühren.

4. Große Salatblätter vom Salathäuptel lösen, waschen und gut abtropfen lassen. Eine Terrinenform mit Frischhaltefolie auslegen und mit Salatblättern auskleiden. Die Hälfte von der Erdäpfelmasse einfüllen und mit ein paar Bärlauchblättern belegen. Die Spargelstangen einlegen, mit der restlichen Erdäpfelmasse bedecken und die Salatblätter darüberschlagen. Die Terrine mindestens 5 Stunden kühlen.

5. Für die Sauce die Schalotte fein schneiden und in ein wenig Butter und Erdnußöl anschwitzen. Gepreßten Knoblauch einrühren, mit Wein und Essig aufgießen, salzen und pfeffern. So lange kochen, bis die Flüssigkeit auf ein Viertel reduziert ist. Den Spargelfond zugießen, nochmals aufkochen und so viel kalte Butter einmixen, daß eine leicht sämige Sauce entsteht. Mit Salz und Pfeffer abschmecken.

6. Die Terrine in Scheiben schneiden und mit der Sauce servieren.

Spargel-Reissalat

Zutaten für 4 Personen

12 Stangen Spargel

1 Schalotte

30 g Butter

2 EL Risottoreis

1/8 l Hühnersuppe

etwas Maisstärke

1 TL Zucker

2 EL Sojasauce

4 EL Erdnußöl

1 TL Limettensaft

1 TL fein geschnittener Ingwer

4 Korianderkörner

ein paar Liebstöckelblätter

je 1 EL gehackten Sauerampfer, Blattspinat und Rucola

Salz

Pfeffer

1. Den Spargel waschen und schälen, die holzigen Enden wegschneiden. Die Spargelspitzen in etwa 6 cm Länge abschneiden, den Rest der Spargelstangen in 1 cm lange Stücke schneiden.

2. Die Schalotte schälen und kleinschneiden und in Butter anschwitzen. Die klein geschnittenen Spargelstangen und den Reis zugeben und kurz anschwitzen. Mit Hühnersuppe und 1/4 l Wasser aufgießen und salzen. Den Reis unter öfterem Rühren weich kochen, ein wenig Maisstärke einrühren und abkühlen lassen.

3. Die Spargelspitzen in Wasser mit Salz und Zucker bißfest kochen.

4. Aus Sojasauce, Erdnußöl, Limettensaft, Ingwer, Korianderkörnern und ein wenig geschnittenem Liebstöckel eine Marinade rühren.

5. Sauerampfer, Spinat und Rucola putzen, waschen und kleinschneiden. Den Reis in Suppenteller geben, Spinat, Sauerampfer, Rucola und Spargelspitzen daraufgeben und mit Marinade beträufeln.

K. und R. Obauer

Dieser Salat kann mit geräuchertem Truthahnfleisch oder gedämpftem Fisch zu einem sommerlichen Hauptgericht erweitert werden.

Ziegenkäsekuchen mit Sardellen

Zutaten für 6 bis 8 Personen

250 g Blätterteig
Olivenöl
4 Tomaten
200 g Ziegenfrischkäse
20 Sardellenfilets
Für die Kräutermischung:
10 g getrockneten und gerebelten Beifuß
10 g getrockneten und gerebelten Majoran
10 g Schabzigerklee
2 g getrockneten Salbei

1. Ein Blech im Format von 20 x 30 cm mit Olivenöl bestreichen. Den Blätterteig 3 mm dick ausrollen, auf das Blech geben und mit einer Gabel mehrmals einstechen. Das Backrohr auf 220 Grad vorheizen.

2. Die Tomaten in Spalten schneiden. Tomaten, Ziegenkäse und Sardellenfilets unregelmäßig auf dem Teig verteilen, großzügig mit Olivenöl besprenkeln und mit etwas Kräutermischung bestreuen. Den Kuchen etwa 15 Minuten backen.

3. Den Kuchen in Stücke schneiden und lauwarm servieren. Dazu paßt Salat.

K. und R. Obauer

Für das Bestreuen des Kuchens benötigt man natürlich nur einen kleinen Teil der hier angegebenen Kräutermischung. Der Rest ist in einem gut verschlossenen Glas lange haltbar und eignet sich auch hervorragend zum Würzen von gemischtem Salat, Kaninchen, Brathuhn oder Lamm.

Saures Kitz

Zutaten für 10 bis 15 Portionen

1 kg Fleisch vom Ziegenkitz (Brust, Hals, Schulter)
150 g Karotten
300 g Zwiebeln
3 Knoblauchzehen
50 g getrocknete Tomaten
15 g Pökelsalz
1 Msp gemahlener Kreuzkümmel
1 Prise Safran
1 l Weißwein
1 EL Essigessenz
10 g Geleepulver
1 EL Kräutermischung (siehe Seite 239)
Salz

1. Karotten, Zwiebeln und Knoblauch schälen und gemeinsam mit dem Fleisch faschieren.

2. Die restlichen Zutaten (außer Geleepulver und Gewürzmischung) einrühren. Etwa 1/2 Stunde unter öfterem Umrühren köcheln. Gewürzmischung und Geleepulver einrühren.

3. Die Masse in eine Form oder in Einsiedegläser füllen und im Rohr bei 180 Grad im Wasserbad pochieren.

4. Mit Frühlingskräutern, -gemüsen und Salaten (Kresse, Löwenzahn, Bärlauch, junger Salat, Spargel, Kohlrabi) servieren. Kräuter und Gemüse mit Kürbiskernöl und Apfelessig marinieren.

K. und R. Obauer

Am besten schmeckt die Marinade mit einem Apfel-Balsamicoessig vom Schnapsbrenner Gölles (Riegersburg in der Steiermark).

Gorgonzola-Tomaten mit Schwammerln

Zutaten für 4 Personen

40 große Cocktailtomaten
250 g Gorgonzola
150 g Topfen
evtl. 1 Msp Schabzigerklee
2 Eier
100 g Eierschwammerln
1 EL Olivenöl
3 EL Schwarzbrotbröseln
1 Apfel
1 Rosmarinzweig
Apfelessig zum Beträufeln
evtl. etwas kleingehacktes Fenchelkraut
Salz
Pfeffer

1. Von den Tomaten die Kappen abschneiden, die Tomaten aushöhlen. Das Innere der Tomaten durch ein Sieb streichen, die Kerne entfernen.

2. Gorgonzola mit Topfen, Salz, Pfeffer, evtl. Schabzigerklee, Eiern und dem Inneren der Tomaten mit dem Schneebesen verrühren. Die Tomaten mit dieser Masse füllen. Das Backrohr auf 220 Grad vorheizen.

3. Die Eierschwammerln putzen und kleinschneiden. Olivenöl in eine ofenfeste Pfanne träufeln, die Eierschwammerln hineingeben und mit Schwarzbrotbröseln bestreuen. Die Tomaten in die Pfanne setzen, den Rosmarinzweig zugeben und im Rohr etwa 10 Minuten garen.

4. Den Apfel schälen und in feine Streifen schneiden oder reiben.

5. Die Tomaten auf vier Teller verteilen, die Schwammerln dazugeben, mit Apfelessig besprenkeln und mit feinen Apfelstreifen und eventuell Fenchelkraut bestreuen.

K. und R. Obauer

Die Gorgonzola-Tomaten schmecken auch zu kaltem, dünn geschnittenem Kalbsbraten. Sie können dieses Gericht auch mit Fleischtomaten zubereiten.

Polentanudeln

Zutaten für 4 Personen

250 g Nudelteig (siehe Seite 245)
2 Schalotten
1 Tasse Polenta
2 Tassen Hühnersuppe
100 g Butter
Salz

1. Die Schalotten hacken. Die Polenta mit Schalotten und Hühnersuppe zu Polentabrei kochen, auskühlen lassen.

2. Den Nudelteig mit der Maschine dünn ausrollen. Den Polentabrei mit einem Spritzsack der Länge nach auf den Nudelteig spritzen und den Nudelteig so einrollen, daß eine lange „Wurst" entsteht. Den Teig mit den Fingern so abdrücken, daß sich Taschen von etwa 10 cm Länge ergeben. Die Taschen abschneiden und die Enden fest zusammendrücken.

3. Die Nudeltaschen in Salzwasser etwa 4 Minuten kochen. Aus dem Wasser heben und abtropfen lassen. Auf vier Tellern anrichten und salzen.

4. Die Butter in einem kleinen Topf vorsichtig bräunen und über die Nudeltaschen gießen.

K. und R. Obauer

Diese Nudeln schmecken als Beilage zu Braten, aber auch als Vorspeise mit weißem Trüffel oder Trüffelöl.

Pfirsich-Käse-Bäckerei

Zutaten für 1 Backblech

200 g Roggenmehl
60 g Butter
1 Prise Salz
1/4 l Rotwein
2 EL Zucker
1 Pfirsich
ein paar Lavendelblüten
200 g Roquefort (oder anderer, nicht zu fetter Blauschimmelkäse)
2 EL gesalzene Erdnüsse
1 EL scharfer Senf
2 TL Kümmel

1. Aus Mehl, kalter Butter, etwa 6 EL kaltem Wasser und einer Prise Salz einen Mürbteig kneten. Den Teig etwa 15 Minuten ruhen lassen. Auf Blechgröße ausrollen und auf ein mit Backtrennpapier belegtes Blech legen.

2. Rotwein mit Zucker zu einem Sirup kochen. Den Pfirsich schälen, kleinschneiden und in 1/8 Liter Wasser mit ein wenig Lavendel weich kochen. Mit dem Stabmixer pürieren.

3. Das Backrohr auf 240 Grad vorheizen. Den Käse in dünne Scheiben schneiden, die Erdnüsse hacken. Den Teig mit Rotweinsirup, Senf und Pfirsichpüree bestreichen, mit Käse belegen und mit Erdnüssen und Kümmel bestreuen. Etwa 15 Minuten backen.

4. Den noch warmen Kuchen am besten mit dem Teigrad in Streifen oder Scheiben schneiden.

K. und R. Obauer

Als Jause oder zum Aperitif servieren.

Kürbis-Cannelloni

Zutaten für 8 Personen

500 g Kürbis, am besten Hokkaido-Kürbis
300 g Nudelteig (siehe Seite 245)
1 Rosmarinzweig
100 g Butter
1/8 l Schlagobers
100 g Parmesan
Salz · Pfeffer

1. Den Kürbis schälen und 16 möglichst dünne Scheiben abschneiden. Die Kürbisscheiben mit ein wenig Wasser und Rosmarin aufkochen. Aus dem Wasser heben und beiseite stellen.

2. Den restlichen Kürbis (etwa 350 g) mit der Butter zugedeckt dünsten. Den Kürbis pürieren, mit Salz, Pfeffer und kleingehacktem Rosmarin abschmecken.

3. Den Nudelteig dünn ausrollen und in 16 Blätter von 15x10 cm Größe schneiden. Die Nudelteigblätter kurz in Salzwasser kochen, abseihen und kalt abschrecken.

4. Das Backrohr auf 250 Grad vorheizen. Die Teigblätter auf gebutterte Backbleche legen. Auf jedes Nudelteigblatt eine Kürbisscheibe legen, mit Kürbispüree bestreichen und zu Rollen formen. Mit geriebenem Parmesan bestreuen und etwa 5 Minuten im vorgeheizten Rohr garen.

5. Das Schlagobers erhitzen und leicht salzen. Je zwei Cannelloni auf einen Teller heben. Die Cannelloni mit dem Obers beträufeln und mit Parmesan bestreuen.

K. und R. Obauer

Die Herzen von Feinschmeckern werden noch höher schlagen, wenn Sie die Cannelloni vor dem Servieren mit gehobeltem Trüffel bestreuen.

Forellenkrapferln

Zutaten für 4 Personen

Filets von einer Forelle
200 g glattes Mehl
1 TL eiskalte Butter
1 TL Erdnußöl
1/2 Limette
1 Spritzer Sojasauce
2 EL frische gehackte Kräuter (z.B. Kerbel, Minze, Selleriegrün, Petersilie)
Backfett
1/8 l Crème fraîche
etwas Sardellenpaste
Salz · Pfeffer

1. Das Mehl mit Butter und 100 ml eiskaltem Wasser zu einem festen Teig kneten.

2. Die Forellenfilets enthäuten, restliche Gräten auszupfen. Das Forellenfleisch in kleine Würfel schneiden und mit Erdnußöl, der abgeriebenen Schale und dem Saft der halben Limette, Sojasauce, Salz, Pfeffer und den gehackten Kräutern vermischen.

3. Den Teig so dünn wie möglich ausrollen und 16 Scheiben von 7 cm Durchmesser ausstechen. Mit der Forellenfülle belegen und die Ränder mit Wasser befeuchten. Den Teig zu Krapferln zusammenklappen und die Ränder festdrücken.

4. Die Forellenkrapferln in heißem Fett bei 180 Grad auf beiden Seiten ausbacken (auf jeder Seite etwa 1 Minute).

5. Crème fraîche mit ein wenig Sardellenpaste verrühren und als Sauce zu den Krapferln servieren.

K. und R. Obauer

Dazu paßt Chinakohl-Salat oder Blattsalat mit Kernöl.

Erdäpfelpuffer mit Zander

Zutaten für 4 Personen

300 g mehlige Erdäpfel

300 g Zanderfilet

1 EL Ingwer

1 unbehandelte Zitrone

1 EL griffiges Mehl

2 Eiklar

1 EL Sojasauce

Olivenöl zum Braten

1 kleiner Chinakohl

2 EL Erdnußöl

2 bis 3 EL Crème fraîche

evtl. etwas Kaviar

Salz

Pfeffer

1. Die Erdäpfel schälen und grob reiben. Das Zanderfilet in kleine Würfel schneiden. Den Ingwer schälen und fein schneiden. Die Schale von der Zitrone fein abreiben.

2. Erdäpfel, Zander, Ingwer und Zitronenschale mit Mehl, verquirltem Eiklar, Sojasauce, Salz und Pfeffer vermischen.

3. In einer beschichteten Pfanne Olivenöl erhitzen, die Masse häufchenweise in die Pfanne setzen und recht flach drücken. Beidseitig braten. Immer wieder den Deckel auf die Pfanne geben, damit die Puffer rasch durchgaren.

4. Den Chinakohl putzen, waschen und in feine Streifen schneiden. Zusammen mit den Puffern auf Tellern anrichten. Den Chinakohl salzen und mit Zitronensaft und Erdnußöl beträufeln.

5. Auf die Puffer ein wenig Crème fraîche geben, eventuell auch Kaviar dazu reichen.

K. und R. Obauer

Statt Zander kann man für diese Puffer auch andere Sorten von festfleischigem Fisch verwenden. Ganz besonders schmackhaft – und sehr passend in Verbindung mit Kaviar – ist Stör.

Süß-sauer marinierter Fisch mit Erdäpfeln und Apfel-Krautsalat

Zutaten für 4 Personen

8 Fischfilets (z.B. von Forelle, Saibling, Rheinanke, Makrele, Hering, Karpfen)

500 g Erdäpfel

2 EL Butter

1 Karotte

2 Schalotten

1 Knoblauchzehe

1/2 Limette

1 TL schwarze Pfefferkörner

2 EL Kristallzucker

4 EL Essig

evtl. ein paar Lavendelblüten

ein paar Rosmarinnadeln, kleingeschnitten

6 Korianderkörner

2 Aniskörner

1 EL Crème fraîche

1 EL Sauerrahm

1 Ei

Salz

Für den Apfel-Krautsalat:

1/4 Kopf Weißkraut

1 Apfel

2 bis 3 EL Sauerrahm

1/2 bis 1 EL Estragonessig

1 Prise Kümmel

Salz

1. Für den Salat das Weißkraut putzen und in sehr feine Streifen schneiden. Den Apfel waschen und grob reiben. Apfel und Weißkraut mit ein wenig Salz, Kümmel, Essig und Sauerrahm vermischen.

2. Die Erdäpfel kochen und schälen. In zerlassener Butter schwenken und salzen.

3. Karotte, Schalotten und Knoblauch schälen und blättrig schneiden. Die Limette in Scheiben schneiden. Alles mit Pfefferkörnern, Kristallzucker, Essig, eventuell Lavendelblüten, Rosmarin, Korianderkörnern, Aniskörnern, zwei TL Salz und 1/2 Liter Wasser aufkochen. Die Marinade heiß über die Fischfilets gießen. Die Fischfilets in der Marinade ein paar Minuten durchziehen lassen.

4. Die Fischfilets aus der Marinade nehmen, die Limettenscheiben entfernen. Die Marinade unter Zugabe von Crème fraîche, Sauerrahm und dem Ei mit dem Stabmixer aufschlagen.

5. Die Fischfilets mit der Sauce, Erdäpfeln und Salat servieren.

K. und R. Obauer

Dazu paßt besonders gut Kaviar aller Art.

Krebsenpaprika

Zutaten für 4 Personen

2 große rote Paprikaschoten

20 Flußkrebse

1 Schuß Essig

1 TL Kümmel

1 Karotte

1 Stück Stangensellerie

2 Knoblauchknollen

1 EL Olivenöl

60 ml Cognac

1 TL Tomatenmark

1 Tomate

ein paar Estragonblätter

1 Msp Kümmel

1 Msp Cayennepfeffer

Meersalz

1/8 l Schlagobers (oder Crème double oder Mascarpone)

Butter zum Binden der Sauce

100 g Gruyèrekäse, in dünne Scheiben geschnitten

1/8 l Fischfarce (siehe Forellenstrudel, Seite 74)

Salz · Pfeffer

1. Die Paprikaschoten putzen und jeweils in 4 etwa 2 cm breite Ringe schneiden.

2. Die Flußkrebse in siedendes Salzwasser mit wenig Essig und Kümmel einlegen und zugedeckt 1 Minute kochen. Die Krebse aus dem Wasser heben und die Krebsenschwänze ausbrechen (Kopf mit einer Drehbewegung entfernen, den ersten Ring des Schwanzteiles aufbrechen und entfernen, das Schwanzfleisch durch Drücken aufs hintere Ende nach vorne herausquetschen).

3. Karotte und Stangensellerie putzen und grob schneiden, die Knoblauchknollen halbieren. Die Karkassen der Krebse grob zerstoßen.

4. In einer Kasserolle einen Schuß Olivenöl erhitzen und die Karkassen darin anrösten. Sobald sie ein wenig Farbe angenommen haben, das Gemüse zugeben und mitdünsten. Mit Cognac ablöschen. So viel kaltes Wasser zugießen, daß die Karkassen bedeckt sind. Tomatenmark einrühren, die halbierte Tomate, Estragon, Kümmel, Cayennepfeffer und ein wenig Meersalz zugeben. 1/2 Stunde köcheln.

5. Das Schlagobers zugießen und noch 15 Minuten köcheln lassen.

6. Die Flüssigkeit abseihen und so lange köcheln, bis der Fond auf ein Viertel reduziert ist. In diesen Fond so viel kalte Butter einarbeiten, daß eine Sauce von sämiger Konsistenz entsteht. Mit Salz und Pfeffer abschmecken.

7. Die Paprikaringe auf Backtrennpapier stellen und bei 200 Grad etwa 8 Minuten im Rohr garen. Abkühlen lassen.

8. Die Krebsenschwänze mit der Fischfarce und 1 EL erkalteter Krebsensauce vermischen. Diese Mischung in die Paprikaringe füllen und jeden Ring mit einer dünnen Scheibe Gruyèrekäse bedecken.

9. Krebsenpaprika im Rohr bei 200 Grad etwa 10 Minuten garen. Krebsenpaprika in Suppenteller setzen und mit erwärmter Krebsensauce servieren.

K. und R. Obauer

Bei großen Krebsen sollte man auch die Scheren auslösen. Krebsenscherenfleisch dekorativ in die Sauce legen.

Tomaten mit Truthahn-Sardellen-Creme

Zutaten für 8 Personen

250 g Truthahnbrust

4 Fleischtomaten

50 g Karfiol

80 g Steinpilze

5 Sardellenfilets

1/2 gepreßte Knoblauchzehe

1/8 l Milch

1/8 l Schlagobers

40 g Bergkäse

1 TL Sardellenpaste

2 EL Butter

1/2 EL scharfer Senf

1 EL Erdnußöl

1 EL Olivenöl

1 Schuß Balsamicoessig

1 bis 2 EL frische gehackte Kräuter (z.B. Kresse, Fenchelkraut)

Zucker

Salz

Pfeffer

1. Die Tomaten einschneiden, den Strunk entfernen und die Tomaten kurz in kochendes Wasser legen. Kalt abschrecken, enthäuten, senkrecht halbieren und aushöhlen.

2. Karfiol und Steinpilze putzen und zusammen mit der Truthahnbrust kleinschneiden. Mit Sardellenfilets und Knoblauch in Milch und Schlagobers 1/2 Stunde zugedeckt köcheln lassen.

3. Den Bergkäse reiben. Käse, Sardellenpaste, Butter, scharfen Senf und Erdnußöl zu der Fleisch-Gemüse-Pilz-Mischung geben. Alles im Mixer pürieren, eventuell salzen und pfeffern. Die Creme in die Tomatenhälften streichen.

4. Das ausgehöhlte Fruchtfleisch von den Tomaten durch ein Sieb streichen. Den so gewonnenen Saft mit Olivenöl, Balsamicoessig und Kräutern verrühren, salzen, zuckern und pfeffern und auf die gefüllten Tomaten träufeln.

K. und R. Obauer

Die Tomaten mit getoastetem Weißbrot oder Pestobrot (siehe Seite 245) mit Fenchelkraut servieren.

Sardinen mit Kräuterbröseln und Limetten

Zutaten für 4 Personen

16 Sardinen

10 Basilikumblätter

5 Minzeblätter

1 Liebstöckelblatt

1 EL Pignoli

1/2 Knoblauchzehe

1/2 Limette

5 bis 8 EL Olivenöl

ein wenig Weißbrotbrösel

Balsamicoessig

1. Von den Sardinen den Kopf abdrehen, die Sardinen am Bauch aufschneiden, ausnehmen, Gräten und Rückgrat mit dem Finger herausziehen.

2. Basilikumblätter, Minzblätter, Liebstöckelblatt, Pignoli, Knoblauch, geriebene Limettenschale mit Olivenöl im Mörser fein zerreiben. Ein wenig Weißbrotbrösel einrühren.

3. Die Hälfte der Sardinen mit der Bauchseite nach oben auflegen, mit der Masse bestreichen und je eine zweite Sardine mit dem Rücken nach oben so daraufsetzen, daß sich eine doppelte Sardine ergibt. Das Backrohr auf 200 Grad vorheizen.

4. Das Backblech mit Olivenöl bestreichen, die Sardinen auf das Blech setzen, mit Olivenöl beträufeln und 6 bis 8 Minuten im Rohr braten.

5. Die Sardinen auf Tellern anrichten, mit Limettensaft und Balsamicoessig beträufeln. Als Beilage passen gedämpfte junge Erdäpfel.

Räucherforellencreme mit Fenchelkraut

Zutaten für 8 Personen

2 Räucherforellen

4 EL Sauerrahm

2 EL Crème fraîche

1 Msp Cayennepfeffer

Fenchelkraut zum Garnieren

80 g Kaviar, Ketakaviar oder Forellenkaviar

Weiß- oder Schwarzbrot

1. Das Fleisch der Räucherforellen von Gräten befreien. Mit Sauerrahm, Crème fraîche und Cayennepfeffer vermischen.

2. Die Masse in Teetassen füllen. Kaviar daraufgeben und mit Fenchelkraut garnieren. Mit getoastetem Weiß- oder Schwarzbrot servieren.

Hendlbrust mit Kohlrabi

Zutaten für 4 Personen

4 Hühnerbrustfilets
1 TL Kristallzucker
2 Knoblauchzehen
1 Thymianzweig
4 Pfefferkörner
5 Korianderkörner
1/2 Lorbeerblatt
2 Kohlrabi
1/4 l Schlagobers
evtl. Safran
evtl. Maisstärkemehl
20 g Butter
Salz
Pfeffer

1. Die Hühnerbrustfilets mit 1/2 l Wasser, 1 gestrichenem EL Salz, Kristallzucker, blättrig geschnittenem Knoblauch, Thymian, Pfefferkörnern, Korianderkörnern und Lorbeerblatt in einen Topf geben. Die Hühnerbrüste zugedeckt einen Tag im Kühlschrank marinieren.

2. Die Kohlrabi schälen und dünnblättrig schneiden. Mit Schlagobers und Salz 5 Minuten kochen.

3. Das Hühnerfleisch in der Marinade sieden (vom Aufkochen der Flüssigkeit dauert es noch etwa 7 Minuten, bis das Fleisch gar ist). Das Fleisch aus dem Sud heben.

4. 1 Schöpfer vom Hühnersud und 1 Schöpfer vom Kohlrabiobers gemeinsam aufkochen und nach Belieben ein wenig Safran zugeben. Eventuell mit ein wenig Maisstärkemehl leicht binden, die Butter unterrühren. Mit Salz und Pfeffer abschmecken.

5. Die Hühnerbrüste auf Teller geben, Kohlrabi daraufgeben und mit der Sauce beträufeln.

K. und R. Obauer

Wenn man dieses Hendl als Hauptgericht servieren will, eignet sich als Beilage Spinatrisotto (siehe Seite 109, halbe Menge) oder Erdäpfelpüree mit Kresse und Morcheln.

Hendlsulz mit Fenchel

Zutaten für 15 Portionen

Brüste von 2 Hühnern

2 Hühnerkeulen

2 Fenchelknollen

1 Hühnersuppenwürfel

1/8 l trockener Wermut

3 EL Sojasauce

3 EL Geleepulver

2 bis 3 EL frische gehackte Kräuter (z.B. Kerbel, Petersilie, Sauerampfer, Ysop, Kamillenblüten)

2 dicke Scheiben Beinschinken

Olivenöl und Balsamicoessig zum Beträufeln

Pfeffer

Meersalz

1. Die Fenchelknollen halbieren, das Kraut wegschneiden, und die Knollen in Salzwasser 1 Stunde kochen. Mit eiskaltem Wasser abschrecken.

2. Hühnerbrüste und Hühnerkeulen auslösen. Das Hühnerfleisch enthäuten und parieren.

3. Das Hühnerfleisch in kaltem Wasser mit Hühnersuppenwürfel aufsetzen, das Wasser zum Sieden bringen und das Fleisch gar ziehen lassen (sobald das Wasser aufwallt, dauert es noch etwa 8 Minuten). Das Fleisch aus dem Fond heben und eiskalt abschrecken.

4. Den Kochfond durch ein Sieb gießen und 300 ml abmessen. Mit Wermut, 1/4 Liter Fenchelfond, Sojasauce und Geleepulver verrühren und erhitzen, bis das Geleepulver aufgelöst ist. Abkühlen lassen, ein wenig davon probeweise in den Kühlschrank stellen und gelieren lassen. Sollte die Masse nicht innerhalb von 1/2 Stunde schnittfest werden, noch einmal alles erwärmen und weiteres Geleepulver einrühren.

5. Eine Terrinenform in eine Wanne mit Eiswürfeln stellen, die warme Geliermasse etwa 1/2 cm hoch eingießen und mit den Kräutern bestreuen.

6. Das Hühnerfleisch der Länge nach durchschneiden, so daß etwa 1 1/2 cm dicke Stücke entstehen. Die halbierten Fenchelknollen senkrecht in ca. 1 cm breite Scheiben schneiden, den Fenchel gut ausdrücken. Den Beinschinken in feine Streifen schneiden.

7. Schichtweise Hühnerfleisch und Fenchel in die Form legen, mit Schinkenstreifen bestreuen. Zwischen die Schichten Geleemasse gießen, eventuell auch weitere Kräuter zwischen die Schichten streuen. Mit Gelee abschließen.

8. Die Terrine einen halben Tag kühl stellen. Vor dem Servieren in Scheiben schneiden, mit Olivenöl und Balsamicoessig beträufeln, mit schwarzem Pfeffer und Meersalz würzen und mit gehacktem Fenchelkraut bestreuen. Eventuell auch Paradeiserkompott dazugeben (siehe Seite 250).

K. und R. Obauer

Besonders schmackhaft wird diese Terrine, wenn man als letzte Schicht zentimeterdicke Scheiben von roher Gänseleber oder einer Gänseleberterrine (siehe Seite 41) einlegt.

Gänseleber auf vier Arten mit Cognac-Rhabarbermark

*Zutaten für 4 Personen
zusätzlich etwa 10 Vorspeisen-Portionen
von der Terrine*

Zwei Gänsestopflebern von insgesamt

etwa 1,5 kg

grobes Meersalz

Für die eingelegte Gänseleber:

reichlich Süßwein zum Einlegen

1/2 Vanilleschote

1 Gewürznelke

1 kleines Stück Zimtrinde

Für die Gänseleberterrine:

3 EL Rosinen

3 EL Madeira

3 EL Portwein

1 TL weiße Pfefferkörner

6 g Salz

6 g Pökelsalz

1 Schuß Cognac

Gebratene Gänseleber:

Mehl zum Wenden

wenig Öl zum Braten

Salz

Pfeffer

Für das Cognac-Rhabarbermark:

1 Stange Rhabarber

2 bis 3 EL Kristallzucker

100 ml Cognac

1. Die Gänsestopflebern putzen: Alle Häute, großen Blutgefäße und Gallenrückstände wegschneiden bzw. ausschaben. Bei dieser Arbeit sollten die Lebern gekühlt sein. Man hält sie am besten mit einem Tuch, da sie durch die Einwirkung von Handwärme Fett verlieren können.

2. Die Gänseleber für die vier Zubereitungsarten vorbereiten: Für die gebratene Gänseleber aus den Mittelstücken der Gänselebern vier kleinfingerdicke Scheiben schneiden. Für die eingelegte Gänseleber ein weiteres schönes Stück von etwa 5 cm Stärke (etwa 150 g Gewicht) vorbereiten. Für die Gänseleberterrine ca. 1 kg geputzte Gänseleber bereitstellen. 100 g Gänseleber für die Zubereitung als rohe Gänseleber reservieren.

Erste Art: Eingelegte Gänseleber

1. Die Gänseleber in eine gut passende Form legen und so viel Süßwein zugießen, daß die Leber völlig bedeckt ist.

2. 1/2 Vanilleschote spalten. Vanilleschote, Gewürznelke und ein kleines Stück Zimtrinde zur Gänseleber geben.

3. Die Form verschließen und die Leber zwei Tage marinieren lassen.

Zweite Art: Gänseleberterrine

1. Die Rosinen in Madeira und Portwein 1 Tag marinieren lassen.

2. Die Pfefferkörner zerstoßen. Die geputzte Gänseleber mit Salz, Pökelsalz und gestoßenen Pfefferkörnern vermengen. Dabei die Leber in einer Hand kneten, mit der anderen Hand die Würzmischung einstreuen. Am Schluß die Rosinen samt Marinade sowie einen Schuß Cognac einkneten. Die Gänseleber abdecken und über Nacht kalt stellen.

3. Das Backrohr auf 120 Grad vorheizen. Die Gänseleber fest in eine Terrinenform pressen, so daß keine Hohlräume bleiben. Im Wasserbad etwa 1/2 Stunde pochieren. Anschließend die Garprobe mit einer Nadel oder einem Grillspieß wie bei Kuchen machen: In der Mitte muß die Leber noch kühl sein und die Nadel ebenfalls.

4. Die Gänseleberterrine aus dem Rohr und Wasserbad nehmen, abdecken und beschweren. Gepreßt 1 Tag bei etwa 5 Grad ruhen lassen.

Dritte Art: Gebratene Gänseleber

1. Die Gänseleberscheiben salzen, pfeffern und in Mehl wenden.

2. In einer beschichteten Pfanne ganz wenig Öl erhitzen. Die Gänseleberscheiben auf jeder Seite etwa 10 Sekunden braten.

Vierte Art: Rohe Gänseleber

100 g Gänseleber blättrig schneiden. Die Gänseleber muß dabei gut gekühlt sein. Man verwendet am besten ein Filetiermesser.

Cognac-Rhabarbermark:

Dafür den Rhabarber schälen und dünnblättrig schneiden. Den Kristallzucker in einer Pfanne erhitzen und karamelisieren lassen. Den Rhabarber zugeben, mit Cognac ablöschen und zu Mus kochen. Kalt servieren.

K. und R. Obauer

Schneiden Sie die Terrine und die eingelegte Leber in fingerdicke Scheiben und richten Sie sie gemeinsam mit gebratener und roher Leber auf vier Tellern an. Die Gänseleber schmeckt mit frisch gemahlenem Meersalz und Pfeffer.

Fasanenmus in der Zwiebel

Zutaten für 8 Personen

200 g Fasanenkeulenfleisch (Fleisch von 2 Keulen)
40 g Sellerieknolle
1/2 Knoblauchzehe
100 ml Milch
1/4 l Schlagobers
100 ml trockener Sherry
1 Wacholderbeere
30 g Bergkäse
2 EL Butter
1/2 EL Erdnußöl
1/2 EL scharfer Senf
1/8 l Crème fraîche
8 große Zwiebeln
reichlich Sonnenblumenöl zum Braten
Balsamicoessig zum Beträufeln
Salz
Pfeffer

1. Das Fasanenkeulenfleisch und den Sellerie kleinschneiden, die Knoblauchzehe schälen und blättrig schneiden.

2. Milch, die Hälfte des Schlagobers und den Sherry unter Zugabe der Wacholderbeere aufkochen, salzen und pfeffern. Fasanenfleisch, Sellerie und Knoblauch zugeben und alles etwa 1/2 Stunde köcheln lassen.

3. Den Käse reiben. Käse, Butter, Erdnußöl, scharfen Senf und Crème fraîche in den Topf mit dem Fleisch geben. Mit dem Stabmixer pürieren und das Mus abkühlen lassen.

4. Das restliche Schlagobers steifschlagen und unter das Mus ziehen.

5. Die Zwiebeln mit der Schale in einen Topf geben und so viel Sonnenblumenöl zugießen, daß die Zwiebeln bedeckt sind (die Zwiebeln sollten eng aneinander liegen, sonst braucht man zu viel Öl). Die Zwiebeln im Öl etwa 45 Minuten köcheln lassen. Die Zwiebeln müssen weich werden; zur Probe mit einer Gabel anstechen.

6. Die Zwiebeln aus dem Fett heben, schälen. Die Schale kann man später für die Dekoration verwenden. Kappen abschneiden und die Zwiebeln aushöhlen.

7. Das Fasanenmus in die Zwiebeln füllen und die Zwiebeln vor dem Servieren kalt stellen.

8. Die gefüllten Zwiebeln auf Teller setzen, eventuell mit Zwiebelhaut dekorieren, mit Balsamicoessig besprenkeln und mit Salz und Pfeffer aus der Mühle würzen.

K. und R. Obauer

Als Ergänzung paßt Räucherfleisch zu den gefüllten Zwiebeln. Besonders gut harmoniert geräucherter Hirschschinken.

Kalbszungensalat
mit Karotten und Petersilie

Zutaten für 4 Personen

2 Kalbszungen von insgesamt 600 g

4 Karotten

8 Schalotten

1 Gewürznelke

1 Msp gemahlener Koriander

1/2 Lorbeerblatt

ein paar Wacholderbeeren

ein paar schwarze Pfefferkörner

evtl. Schinken- oder Speckschwarte

ein paar Kerbel- und Petersilienstengel

1 Häuptelsalat

1 TL gestoßener Koriander

Salz

Für die Marinade:

60 ml Apfelessig

1 bis 2 TL Honig

1 bis 2 EL vom Kochfond der Zunge

1 Eidotter

1. Die Kalbszungen in kaltem Wasser wässern.

2. Karotten und Schalotten schälen. Das Wasser von den Zungen abgießen, die Zungen in frischem kalten Wasser aufsetzen und zusammen mit Karotten, Schalotten, Gewürznelke, Koriander, Lorbeerblatt, Wacholderbeeren, Salz und schwarzen Pfefferkörnern kochen, evtl. auch ein Stück Schinken- oder Speckschwarte zugeben. Kalbszungen zugedeckt bei kleiner Hitze etwa 2 1/2 Stunden sieden, bis die Zungen auch an den Spitzen weich sind.

3. Zungen, Karotten und Schalotten aus dem Fond heben und in kaltes Wasser legen. Die Haut von den Zungen abziehen, die Zungen in dünne Scheiben schneiden. Die Karotten blättrig schneiden, die Schalotten kleinschneiden.

4. Für die Marinade alle Zutaten verrühren. Kerbel und Petersilie schneiden. Den Häuptelsalat putzen und in kleine Blätter zupfen.

5. Salat, Zungenstreifen, Karotten und Schalotten in tiefe Teller geben und mit viel Kerbel und Petersilie bestreuen. Mit der Marinade beträufeln, salzen, pfeffern und mit gestoßenem Koriander bestreuen.

K. und R. Obauer

Dazu paßt Weißbrot oder Pestobrot
(siehe Seite 245).

Kalbfleisch in Mangold

Zutaten für 8 Personen

1 1/2 altbackene Semmeln

1 Karotte

1 Zitrone

300 g Kalbfleisch von der Schulter, fein faschiert

1/8 l Schlagobers

2 Eiklar

Schwarzbrotbröseln

etwa 40 g Butter

8 Mangoldblätter

Für die Vinaigrette:

6 EL Olivenöl

6 EL Kernöl

6 EL Balsamicoessig

4 Korianderkörner

Saft von 1 Zitrone

1 TL Zucker

Salz

Pfeffer

1. Von den Semmeln die Rinde abreiben, Semmeln grob raspeln. Die Karotte schälen und fein schneiden. Die Zitronenschale abreiben. Geraspelte Semmeln, Karotte, Zitronenschale, Faschiertes, Schlagobers und Eiklar vermischen und 1/4 Stunde ruhen lassen.

2. Das Backrohr auf 200 Grad vorheizen.

3. Acht Souffléförmchen mit Butter ausstreichen, mit Schwarzbrotbröseln ausstreuen und mit den Mangoldblättern auslegen. Die Masse einfüllen. Mangoldblätter über die Fülle schlagen und den Mangold mit geschmolzener Butter bestreichen. Im vorgeheizten Rohr 10 bis 15 Minuten garen.

4. Für die Vinaigrette Olivenöl, Kernöl, Balsamicoessig, gestoßenen Koriander, Zitronensaft, Zucker, Salz und Pfeffer verrühren.

5. Die gefüllten Mangoldblätter stürzen und mit der Vinaigrette beträufelt servieren.

K. und R. Obauer

Als Beilage paßt Spargel sehr gut.

Mariniertes Rindsfilet mit Spargel und Limetten

Zutaten für 4 Personen

12 daumendicke Stangen Spargel

1 TL Zucker

400 g Rindsfilet

60 ml Olivenöl

3 Limetten

2 EL Sojasauce

Salat (z.B. Rucola oder Löwenzahn)

etwas flüssiger Honig

50 g geriebener Bergkäse

Salz

Pfeffer

1. Den Spargel waschen und schälen, die Enden abschneiden und den Spargel zu zwei Bündeln binden. In Wasser mit Zucker und Salz bißfest kochen, in Eiswasser abschrecken.

2. Das Rindsfilet in feine Scheiben schneiden. Olivenöl mit dem Saft der Limetten und Sojasauce verrühren. Das Rindsfilet kurz in der Marinade wenden.

3. Spargel und Rindsfilet auf vier Tellern anrichten und mit der Marinade beträufeln. Mit herbwürzigen Salaten garnieren. Mit ein klein wenig Honig beträufeln, mit geriebenem Bergkäse und schwarzem Pfeffer bestreuen.

Ochsenmaulterrine

Zutaten für 4 bis 8 Personen

500 g Ochsenmaul (vom Fleischhauer blättrig schneiden lassen)

1/2 l Rindsuppe

1 1/2 EL Geleepulver

ein paar Liebstöckelblätter

3 Scheiben Milchbrot

250 g Sauerkraut

4 EL Crème fraîche, 5 EL Sauerrahm

5 EL Sauerkrautsaft

1/2 EL Estragonessig

1 EL Schnittlauchröllchen

etwas Kren · Salz · Pfeffer

1. Die Suppe mit Geleepulver aufkochen, abkühlen lassen. Ein wenig davon im Kühlschrank gelieren lassen. Die Masse muß innerhalb von 1/4 Stunde schnittfest werden, sonst nochmals erwärmen und weiteres Geleepulver einrühren.

2. Liebstöckel fein schneiden, das Milchbrot in Würfel schneiden. Liebstöckel, Milchbrot, Sauerkraut, 3 EL Crème fraîche und den Sauerrahm vermischen, salzen und pfeffern.

3. In eine Terrinenform so viel lauwarmes Gelee gießen, bis der Boden gut bedeckt ist. Das Gelee anziehen lassen. Boden und Wände der Terrinenform mit Ochsenmaul auslegen.

4. Die Sauerkrautmischung einfüllen, mit Ochsenmaul abdecken und mit warmem Gelee begießen. Mindestens 1 Stunde kühl stellen.

5. Die Terrine in Scheiben schneiden und auf Tellern anrichten. Zusätzlich blättrig geschnittenes Ochsenmaul auf die Teller geben.

6. 1 EL Crème fraîche mit Sauerkrautsaft und Estragonessig zur Sauce aufmixen. Terrine und Ochsenmaul mit der Sauce beträufeln, mit Schnittlauch und Kren bestreuen.

Schweinebackerlsalat mit Käferbohnencreme

Zutaten für 8 Personen

8 Stück Schweinebacken (ausgelöste Wangen)	evtl. 1 Stück Schinkenschwarte
1 Zwiebel	1/8 l bis 1/4 l Kürbiskernöl
10 g Pökelsalz	scharfer Senf
evtl. 1 Stück Schinkenschwarte	1 Friseesalat
3 Knoblauchzehen	etwas Estragon- oder Balsamicoessig
1 Gewürznelke	evtl. Kren
1 Pimentkorn	Salz
1 TL Rohzucker	Pfeffer
100 g Käferbohnen	

1. Die Zwiebel schälen und kleinschneiden. Schweinebacken in einen kleinen Topf geben, 1/2 Liter kaltes Wasser zugießen, Pökelsalz, 2 ungeschälte halbierte Knoblauchzehen, Gewürznelke, Pimentkorn, Rohzucker und die Zwiebel zugeben. Die Backerln müssen mit Flüssigkeit bedeckt sein. Den Topf verschließen und die Backerln 1 Woche im Kühlschrank suren.

2. Die Schweinebacken in der Sur auf den Herd stellen, etwa 1/4 Liter Wasser zugießen, aufkochen, aufsteigenden Schaum abschöpfen. Die Backerln 1 bis 1 1/2 Stunden köcheln lassen.

3. Für die Bohnencreme die Bohnen in kaltem Wasser über Nacht einweichen. Im gleichen Wasser zustellen, eine ungeschälte Knoblauchzehe zugeben, falls verfügbar auch Schinkenschwarte, und die Bohnen in 1 1/2 Stunden weich kochen.

4. So viel vom Kochwasser der Bohnen abgießen, daß die Bohnen gerade noch bedeckt sind. Die Bohnen mit dem Pürierstab mixen, dabei so viel Kernöl einarbeiten, daß eine cremige Masse entsteht. Mit Salz und Pfeffer, evtl. auch gepreßtem Knoblauch abschmecken.

5. Die Bohnencreme auf Teller geben, die Schweinebackerln aus dem Sud heben, durchschneiden, auf die Bohnencreme geben und mit scharfem Senf dünn bestreichen.

6. Den Salat putzen, kleinschneiden und auf die Schweinebackerln geben, mit Estragon- oder Balsamicoessig und Kernöl beträufeln. Eventuell mit geriebenem Kren bestreuen.

K. und R. Obauer

Diesen Salat kann man durch die Zugabe von Schweinshaxerln noch interessanter gestalten (Sschweinshaxerl-Rezept auf Seite 196). Die Bohnencreme eignet sich auch als schmackhafte Unterlage für gedämpften Fisch oder rohe Austern.

Wildhasentörtchen mit Apfel-Krautsalat

Zutaten für 8 Personen (16 Törtchen)

200 g grüne Linsen
250 g Auslegeteig (siehe Seite 246)
Hülsenfrüchte zum Blindbacken
500 g Hasenfleisch (Filets und ausgelöster Rücken)
1 Karotte oder 50 g Kürbis
2 bis 3 EL Erdnußöl
1 Msp gemahlener Koriander
evtl. 1 Msp gemahlener Ingwer
60 ml Milch
60 ml Schlagobers
3 Eidotter
1 Ei
Salz
Pfeffer
Für den Apfel-Krautsalat:
400 g Weißkraut
1 Spritzer Apfelessig
1 Apfel
Salz

1. Die Linsen 1 Stunde in Wasser einweichen.

2. Das Backrohr auf 200 Grad vorheizen. Den Teig ausrollen. Gefettete Souffléförmchen mit Teig auslegen, mit Backpapier belegen und trockene Hülsenfrüchte daraufgeben. Den Teig etwa 10 Minuten blindbacken. Backpapier mit den Hülsenfrüchten entfernen.

3. Das Fleisch in 1 cm große Würfel schneiden. Karotte oder Kürbis schälen und in kleine Würfel schneiden. Die Linsen abseihen. Fleisch, Linsen und Karotte oder Kürbis in Erdnußöl kurz anschwitzen, das Fleisch darf dabei jedoch nicht durchgebraten werden. Mit Koriander, Ingwer, Salz und Pfeffer würzen.

4. Milch und Schlagobers mit Eidottern und Ei verrühren, salzen und pfeffern. Den vorgebackenen Teig mit der Fleisch-Gemüse-Mischung füllen und mit der Eiersahne begießen. Die Törtchen ins Rohr schieben und bei 200 Grad 8 bis 10 Minuten backen.

5. Für den Salat das Weißkraut putzen und ganz fein schneiden. Leicht salzen, mit einem Spritzer Apfelessig und einem geriebenen ungeschälten Apfel vermischen.

6. Die Törtchen aus den Formen lösen und mit Apfel-Krautsalat servieren.

K. und R. Obauer

Solche Törtchen kann man auch mit zahlreichen anderen Fleischsorten zubereiten. Besonders gut schmecken sie mit Reh oder Hirsch, dabei am besten das Fleisch von der Keule verwenden.

Suppen

MIT EINEM SCHÖPFER LIEBE

Klare Geflügelsuppe mit Gemüse

Zutaten für 6 bis 8 Personen

- 1 Suppenhuhn
- 1 Zwiebel
- 8 Schalotten
- 2 Knoblauchzehen
- 2 Karotten
- 1 Pastinake
- 1/4 Knollensellerie
- 1 Lauchstange
- 30 g Ingwer
- 1 Gewürznelke
- 2 Pimentkörner
- 10 schwarze Pfefferkörner
- 1 Lorbeerblatt
- 8 Korianderkörner
- evtl. etwas Beifuß
- evtl. einige Safranfäden
- 1 TL Maisstärke
- 2 unbehandelte Limetten
- evtl. 1 Prise Cayennepfeffer
- Salz

1. Das Suppenhuhn unter kaltem Wasser innen und außen waschen. Mit 3 Liter Wasser in einen Topf geben. Zwiebel, Schalotten und Knoblauch ungeschält lassen, das übrige Gemüse putzen. Den Lauch zweimal falten und zu einem Bündel binden, sonst wird die Suppe trüb. Alles Gemüse in den Topf geben.

2. Das Wasser aufkochen, aufsteigenden Schaum abschöpfen. Ungeschälten Ingwer, Gewürznelke, Pimentkörner, Pfefferkörner, Lorbeerblatt, Korianderkörner, evtl. ein wenig Beifuß und ein paar Safranfäden zugeben. Die Suppe 1 1/2 Stunden sieden lassen.

3. Huhn und Gemüse aus der Suppe nehmen, mit kaltem Wasser abschrecken. Das Fleisch von den Knochen lösen. Von der Zwiebel und den Schalotten die Schale entfernen. Zwiebel, Schalotten, Karotte, Pastinake und Sellerie in Stücke schneiden.

4. Die Suppe durch ein Passiertuch gießen. Die Maisstärke mit ein wenig Wasser anrühren und die Suppe damit leicht binden.

5. Fleisch und Gemüse zurück in die Suppe geben und nochmals erwärmen. Die geriebene Schale von 2 Limetten und eventuell etwas Cayennepfeffer in die Suppe rühren. Mit Salz abschmecken.

K. und R. Obauer

Wenn Sie fernöstliche Geschmacksharmonien mögen, können Sie in den letzten Garminuten Sojakeimlinge und etwa 10 Gramm Zitronengras mitkochen.

Entenbouillon mit Pilzen

Zutaten für 8 Personen

Rücken, Flügel und Keulen von 2 Enten

3 EL Entenfett oder Schweineschmalz

4 Karotten

1 Zwiebel

1/4 Knollensellerie

1/2 Fenchelknolle

3 Knoblauchknollen

2 fingerdicke Scheiben Hamburgerspeck

3 EL Butter

200 g Pilze (Champignons, Austernpilze, Herbsttrompeten)

1 l Rotwein

1 EL Tomatenmark

10 Korianderkörner

10 schwarze Pfefferkörner

1 Zweig Beifuß

1 Bund Majoran

1 TL Kümmel

1 Msp gemahlener Ingwer

Salz

Pfeffer

1. Die Ententeile in Stücke hacken, salzen und pfeffern. In Entenfett im Rohr bei 200 Grad rösten.

2. Karotten, Zwiebeln, Sellerie und Fenchel schälen und in Stücke schneiden, die Knoblauchknollen halbieren. In einem großen Schmortopf die Butter erhitzen und Gemüse und Speck im Ganzen andünsten.

3. Die Ententeile mit dem Rotwein ablöschen. Wein, Ententeile und gelösten Bratensatz zu Gemüse und Speck geben. So viel Wasser zugießen, daß die Ententeile bedeckt sind. Das Tomatenmark einrühren. Die Flüssigkeit aufkochen und aufsteigenden Schaum abschöpfen.

4. Die Kräuter waschen und klein hacken, Gewürze und Ingwer zugeben. Die Suppe bei geringer Hitze ohne Deckel 2 Stunden sanft köcheln lassen.

5. Die Ententeile aus der Suppe heben und das Fleisch von den Knochen lösen. Die Knochen wieder zurück in die Suppe geben und die Suppe noch weitere 4 Stunden köcheln lassen. Hin und wieder Wasser nachgießen, so daß die Knochen bedeckt bleiben. Die Suppe abseihen.

6. Die Pilze putzen und blättrig schneiden. Die Suppe mit Salz und Pfeffer abschmecken. Die Pilze zugeben und 2 bis 3 Minuten ziehen lassen.

7. Das Entenfleisch in Suppenteller geben und mit heißer Suppe übergießen.

K. und R. Obauer

Die Zubereitung dieser Suppe empfiehlt sich in Kombination mit Gerichten, für die man die Entenbrüste, nicht aber die restlichen Teile der Enten benötigt. Zur Vollendung dieser Suppe kann man vor dem Servieren 1 Teelöffel Pesto in jeden Teller geben (Pesto nicht verrühren; Pesto-Rezept auf Seite 245).

Krebsensuppe

Zutaten für 10 Personen

- 40 Flußkrebse
- 1 EL Essig
- 1 TL Kümmel
- 3 Karotten
- 2 Zwiebeln
- 1/4 Stangensellerie
- 2 Knoblauchknollen
- 2 Tomaten
- 60 ml Olivenöl
- 1/8 l Cognac
- 1/2 l Schlagobers
- 2 EL Estragonessig
- 5 Korianderkörner
- 1 TL Kümmel
- 5 schwarze Pfefferkörner
- 1 Lorbeerblatt
- 1/2 Thymianzweig
- 1 Msp Cayennepfeffer
- etwas Meersalz
- evtl. einige Estragon- und Basilikumblätter
- 2 EL Tomatenmark
- Butter zum Binden
- evtl. etwas Maisstärke
- Salz
- 1 Handvoll frische Kräuter (Basilikum, Minze oder Wasserkresse)

1. Die Krebse in siedendes Salzwasser mit wenig Essig und Kümmel einlegen, zudecken und 1 Minute kochen. Die Krebse aus dem Wasser heben, die Krebsschwänze ausbrechen: Dafür den Kopf mit einer Drehbewegung entfernen, den ersten Ring des Schwanzteiles aufbrechen und entfernen, das Schwanzfleisch durch Drücken auf das hintere Ende nach vorne aus der Schale quetschen.

2. Die Schalen der Krebse grob zerstoßen. Karotten, Zwiebeln und Stangensellerie schälen bzw. putzen und in Stücke schneiden, Knoblauch und Tomaten halbieren.

3. In einer Kasserolle das Olivenöl erhitzen und die Krebsenkarkassen anrösten. Sobald sie ein wenig Farbe angenommen haben, das Gemüse zugeben und mitdünsten. Mit Cognac ablöschen, 2 Liter Wasser, Schlagobers und Estragonessig zugießen. Korianderkörner, Kümmel, Pfefferkörner, Lorbeerblatt, Thymian, Cayennepfeffer sowie Meersalz zugeben, eventuell auch frischen Estragon und Basilikum. Das Tomatenmark unterrühren.

4. Die Suppe 45 Minuten sieden lassen, dann abseihen. Durch Einrühren von kalter Butter und eventuell ein klein wenig in Wasser angerührter Maisstärke binden. Mit dem Stabmixer zu schaumiger Konsistenz aufmixen.

5. Die Krebsschwänze in Suppenteller geben und mit der heißen Suppe übergießen. Mit frischen Minze- und Basilikum- oder Wasserkresseblätter bestreuen.

K. und R. Obauer

Variation: Auf gleiche Weise können Sie auch eine Hummersuppe zubereiten. Sie benötigen dafür 1 kg Hummer (üblicherweise 2 Stück). Das Tomatenmark nicht anrösten! Diese oft empfohlene Vorgangsweise kann eine unangenehm bittere Nuance bringen. Thymian und Kümmel sollten keinesfalls vorschmecken, daher sehr sparsam verwenden.

Klare Fischsuppe

Zutaten für 8 Personen

3 Seezungen von insgesamt etwa 1,5 kg

1/4 Fenchelknolle

8 Schalotten

100 g Champignons

1 bis 2 EL Olivenöl

1/2 l Riesling

1 Lorbeerblatt

7 Korianderkörner

1 kleine Knoblauchknolle

5 Pfefferkörner

2 Jungzwiebeln

evtl. 1 Handvoll Eierschwammerln

1 Handvoll Rucola

1 Prise Safran

evtl. etwas Maisstärke

evtl. 1 Prise Cayennepfeffer

Meersalz

1. Die Seezungen filetieren, die dunkle Haut abziehen. Fenchel, Schalotten und Champignons schälen bzw. putzen und blättrig schneiden. Die Fischkarkassen waschen, mit Pilzen und Gemüse in Olivenöl andünsten.

2. Wein und 1 1/2 Liter Wasser zugießen und aufkochen. Lorbeerblatt, Korianderkörner, die halbierte ungeschälte Knoblauchknolle und die Pfefferkörner zugeben. Etwa 1/2 Stunde durchziehen, aber nicht mehr kochen lassen. Abseihen.

3. Die Fischfilets in mundgerechte Stücke schneiden, Jungzwiebeln und eventuell Eierschwammerln putzen und kleinschneiden. Fischstücke in einen Topf geben, eine Prise Safran, Jungzwiebeln und Eierschwammerln zugeben. Mit der heißen Suppe übergießen und kurz aufkochen.

4. Den Rucola in breite Streifen schneiden und zugeben. Die Suppe eventuell durch Einrühren von ein wenig Maisstärke ganz leicht binden. Mit Meersalz und eventuell Cayennepfeffer abschmecken.

K. und R. Obauer

Für die Zubereitung einer klaren Fischsuppe eignet sich auch Steinbutt vorzüglich. Die Zugabe von ein paar Scampi kann die Suppe noch interessanter machen: Die Scampi vor dem Kochen auslösen, die Schalen wie die Fischkarkassen verwenden. Das Scampifleisch in die Suppenteller geben und mit der heißen Suppe übergießen; es darf nicht mitkochen. Zum Schluß eventuell 4 Eßlöffel gehackte schwarze Oliven und ein wenig Bohnenkraut in die Suppe rühren.

Spinatsuppe mit Waller

Zutaten für 4 Personen

300 g Wallerfilet
150 g Spinat
50 g Rucola
1 Schalotte
1 Knoblauchzehe
1 EL Erdnußöl
1/4 l Hühnersuppe
Butter zum Binden
Salz
Pfeffer

1. Spinat und Rucola putzen, waschen und in Salzwasser blanchieren. Abseihen und kalt abschrecken.

2. Schalotte und Knoblauch schälen und fein schneiden. In Erdnußöl anschwitzen und mit 1 Liter Wasser und Hühnersuppe aufgießen. 10 Minuten köcheln lassen. Spinat und Rucola dazugeben und die Suppe mit dem Stabmixer pürieren.

3. Die Wallerfilets in fingerdicke Stücke schneiden und in der Suppe gar ziehen lassen. Die Wallerfilets herausheben und in Suppenteller geben.

4. In die Suppe so viel Butter einmixen, daß sie leicht gebunden ist, mit Salz und Pfeffer abschmecken. Suppe über die Wallerfilets gießen.

Krensuppe mit Surstelze

Zutaten für 4 Personen

1 gesurte Schweinsstelze
1 Nelke
5 Pfefferkörner
1 Lorbeerblatt
1 Speckschwarte
1 Salbeiblatt
2 Karotten
1 Zwiebel
4 Schalotten
2 Knoblauchzehen
1 EL Butter
1/4 l Schlagobers
1/4 l Sauerrahm
200 g Kren
Butter zum Binden
Salz · Pfeffer

1. Die Surstelze mit Nelke, Pfefferkörnern, Lorbeerblatt, Speckschwarte, Salbei, geschälten Karotten und Zwiebel etwa 2 1/2 Stunden sieden. Das Fleisch ist gar, wenn sich der Knochen leicht vom Fleisch löst.

2. Die Schalotten schälen und klein schneiden. Mit geschältem und gepreßtem Knoblauch in Butter anschwitzen und mit 1 Liter Kochwasser von der Stelze und Schlagobers aufgießen. 1/2 Stunde köcheln lassen.

3. Sauerrahm und frisch geriebenen Kren dazugeben und nochmals 2 Minuten köcheln lassen. Die Suppe abseihen und mit so viel Butter aufmixen, daß sich eine mäßig sämige Konsistenz ergibt. Mit Salz und Pfeffer abschmecken.

4. Die Stelze in kleine Stücke teilen. Das Fleisch in Suppenteller geben, mit geriebenem Kren bestreuen und mit Suppe aufgießen.

Beiriedsuppe mit Butternockerln

Zutaten für 4 Personen

200 g Beiried

1 Rieddeckel von etwa 1 kg

2 kg rote Rindsknochen

2 Zwiebeln

4 Karotten

2 Petersilienwurzeln

1/4 Knollensellerie

einige Liebstöckelblätter

10 Pfefferkörner

1 Lorbeerblatt

5 Korianderkörner

1 bis 2 EL Schnittlauchröllchen

Für die Butternockerln:

Zutaten siehe Seite 239

1. Die Knochen klein hacken, in siedendes Wasser geben und kurz aufkochen lassen. Das Wasser abgießen. Die Knochen nochmals mit kaltem Wasser aufsetzen, aufkochen und den aufsteigenden Schaum abschöpfen.

2. Den Rieddeckel mit kaltem Wasser waschen. Das Gemüse putzen und kleinschneiden. Rieddeckel, Gemüse sowie Gewürze zu den siedenden Knochen geben. Alles etwa 5 Stunden köcheln.

3. Butternockerln wie im Rezept angegeben zubereiten.

4. Das Beiried in möglichst dünne Scheiben schneiden. Die Butternockerln in Teller geben, mit rohen Beiriedscheiben belegen und die abgeseihte Suppe darübergießen.

5. Den gekochten Rieddeckel in Scheiben schneiden und ebenfalls in die Suppe geben. Die Suppe mit Schnittlauch bestreut servieren.

K. und R. Obauer

Diese Suppe schmeckt auch in einer kalten Variante wunderbar. Kalte Suppe mit dem Schneebesen durchrühren, damit sich das Gelee auflöst, in Teller schöpfen, kalte Nockerln hineinsetzen und feinblättrig geschnittenes Fleisch einlegen. Ein paar Spritzer Balsamicoessig und frisch gehobelter Parmesan machen die Suppe noch erfrischender.

Kalte Kohlrabisuppe

Zutaten für 6 bis 8 Personen

2 Kohlrabi

2 Schalotten

2 Eier

1/4 l Crème fraîche

1/4 l Sauerrahm

etwas Zitronensaft

evtl. 1 bis 2 TL frischer gehackter Kerbel

Salz

Pfeffer

1. Die Kohlrabi schälen und klein schneiden, die Schalotten schälen und blättrig schneiden. Das Gemüse in 1 1/2 Liter Wasser weich kochen und in der Flüssigkeit erkalten lassen.

2. Eier, Crème fraîche und Sauerrahm zugeben und mit dem Stabmixer pürieren. Die Suppe durch ein feines Sieb streichen, um faserige Teile der Kohlrabi zu entfernen.

3. Die Suppe mit Salz und wenig Pfeffer sowie Zitronensaft abschmecken. Evtl. mit Kerbel bestreut servieren.

K. und R. Obauer

Die Suppe können Sie auch warm servieren. In diesem Fall mixen Sie Crème fraîche, Sauerrahm und 2 EL Butter in den heißen Gemüsefond, die Eier weglassen. Als Einlage für diese Suppe eignen sich vorzüglich geräucherte oder gebeizte Fische.

Petersilienrahmsuppe

Zutaten für 6 Personen

2 Petersilienwurzeln

3 Schalotten

1 EL Butter

1/4 l Crème fraîche

1/4 l Schlagobers

1/2 l Hühnersuppe

1 Eidotter

1 Msp geriebene Muskatnuß

etwas Zitronensaft

1 EL Petersilienblätter

Salz

Pfeffer

1. Die Petersilienwurzeln schälen und in Scheiben schneiden. Die Schalotten schälen und hacken. Wurzeln und Schalotten in Butter anschwitzen.

2. Mit Crème fraîche, 180 ml Schlagobers, Hühnersuppe und 1/4 Liter Wasser aufgießen und 1/4 Stunde köcheln lassen.

3. Die Suppe mit dem Stabmixer pürieren und durch Einrühren von 70 ml geschlagenem Obers und einem Eidotter legieren.

4. Die Suppe mit Muskatnuß, Zitronensaft, Salz und Pfeffer abschmecken. Mit dem Stabmixer aufschlagen und durch ein Sieb gießen. Die Suppe in Teller oder Schalen schöpfen und mit Petersilie bestreut servieren.

K. und R. Obauer

Die perfekte Einlage in diese Suppe ist Kalbskopf (siehe Seite 142).

Sauerampfersuppe

Zutaten für 8 Personen

6 Schalotten
1 Knoblauchzehe
2 EL Butter
1 l Hühnersuppe
1/4 l Crème fraîche
1/2 l Sauerrahm
120 g Sauerampfer
Saft von 1 Zitrone
evtl. etwas Maisstärke
ein paar Sauerampferblätter als Einlage
Salz · Pfeffer

1. Schalotten und Knoblauch schälen und kleinschneiden und in Butter anschwitzen. Mit Hühnersuppe und 1/4 Liter Wasser aufgießen. Crème fraîche und Sauerrahm einrühren und etwa 1/4 Stunde ziehen lassen.

2. Den Sauerampfer waschen und schneiden. Sauerampfer und eventuell ein wenig Butter in die Suppe rühren.

3. Die Suppe mit dem Stabmixer pürieren und durch ein Sieb gießen. Nach Belieben durch das Einrühren von ein wenig in Wasser aufgelöster Maisstärke binden.

4. Die Suppe mit Salz, Pfeffer und Zitronensaft abschmecken, mit kleingeschnittenen Sauerampferblättern als Einlage servieren.

K. und R. Obauer

Zu dieser Suppe paßt mit Schnittlauch oder Sauerampfer bestreutes Butterbrot. Man kann Sauerampfersuppe auch mit besonders feinen Einlagen servieren, z.B. mit pochiertem Lachs oder Lachsforellenfilet, gebratenem Kalbsbries oder dünnblättrig geschnittenem rohen Kalbsfilet.

Bohnensuppe

Zutaten für 6 Personen

100 g getrocknete weiße Bohnen
1 Surstelze (etwa 400 g mit Knochen)
2 Zwiebeln
1 Lorbeerblatt
1 Gewürznelke
3 Wacholderbeeren
1 Thymianzweig
3 Knoblauchzehen
evtl. etwas Beifuß
1 EL Butter
1/4 l Schlagobers
1 Schuß Olivenöl
Salz · Pfeffer

1. Die Bohnen am Vortag in kaltem Wasser einweichen.

2. 1 Zwiebel schälen. Die Surstelze in kaltem Wasser mit der Zwiebel, Lorbeerblatt, Gewürznelke, Wacholderbeeren, Thymian, den ungeschälten Knoblauchzehen und eventuell etwas Beifuß aufsetzen. Das Wasser zum Kochen bringen, Schaum abschöpfen. Die Stelze zugedeckt etwa 2 1/2 Stunden köcheln lassen (bis sich der Knochen leicht auslösen läßt).

3. Die Stelze aus dem Fond heben. Ein Tuch mit kaltem Wasser befeuchten und die Stelze darin einschlagen (das erhält die frische Farbe).

4. Die zweite Zwiebel schälen, kleinschneiden und in Butter anschwitzen. Mit 1/2 l Fond von der Stelze sowie 1 1/2 l Wasser aufgießen. Die Bohnen abseihen und zugeben. Die Bohnen 1 bis 1 1/2 Stunden köcheln lassen.

5. Schlagobers und Olivenöl zu den Bohnen gießen, pürieren und durch ein Sieb passieren.

6. Das Fleisch auslösen, kleinschneiden, in der Suppe erwärmen. Mit Salz und Pfeffer würzen.

Frühlings-Rahmsuppe mit Ricottatascherln

Zutaten für 8 Personen

2 kleine Lauchstangen	evtl. etwas Kartoffelstärke
4 Stangen Spargel	geriebene Muskatnuß
50 g junge Erbsen	1 unbehandelte Zitrone oder Limette
2 junge Karotten	einige Kräuterblättchen zum Garnieren
5 Schalotten	Salz, Pfeffer
5 junge Erdäpfel	Für die Tascherln:
1 Knoblauchzehe	200 g Nudelteig (Rezept auf Seite 245)
1 bis 2 EL Butter	150 g Ricotta
1/2 l Geflügelsuppe	1 TL Sauerrahm
1/2 l Schlagobers	1 TL Schwarzbrotbröseln
300 g Frühlingskräuter (z.B. Kerbel, Bärlauch, Petersilie, Schnittlauch, junger Spinat, Löwenzahn, Sauerampfer, Spitzwegerich, Rucola, Schafgarbe)	1 Handvoll Frühlingskräuter (besonders geeignet sind Sauerampfer, Basilikum, Kresse)
	Salz · Pfeffer

SUPPEN

1. Lauch, Spargel, Erbsen, Karotten, Schalotten, Erdäpfel und Knoblauch schälen bzw. putzen und (bis auf die Erbsen) kleinschneiden. Das Gemüse in Butter anschwitzen, mit Geflügelsuppe, Schlagobers und 1 Liter Wasser aufgießen. 1/4 Stunde köcheln lassen.

2. Die Kräuter waschen, grob schneiden und samt den Stielen in den Suppenansatz geben. 1 Minute durchziehen lassen. Die Suppe mit dem Stabmixer pürieren und durch ein Sieb streichen. Eventuell zusätzlich mit ein wenig Kartoffelstärke binden. Die Suppe mit Salz, Pfeffer, Muskatnuß und geriebener Zitronen- oder Limettenschale abschmecken.

3. Für die Fülle der Tascherln die Kräuter kleinschneiden. Ricotta mit Sauerrahm, Schwarzbrotbröseln und Kräutern verrühren, mit Salz und Pfeffer abschmecken.

4. Den Nudelteig dünn ausrollen, in Quadrate schneiden und auf jedes Teigstück einen Löffel Ricottafülle setzen. Den Teig zu Dreiecken falten und die Ränder festdrücken. Die Tascherln in leicht siedendes Salzwasser legen und zwei Minuten garen.

5. Die Ricottatascherln in der heißen Suppe servieren. Die Suppe zusätzlich mit frischen Kräutern garnieren.

K. und R. Obauer

Statt der Tascherln kann man in diese Suppe auch gedämpften Fisch, Muscheln oder – vor allem zu Ostern – blättrig geschnittene Kitzleber geben.

Grießsuppe mit Kernöl und Steinpilzen

Zutaten für 4 Personen

50 g Speck
3 Schalotten
50 g Grieß
80 g Butter
1 1/2 l Hühnerfond
1 Prise geriebene Muskatnuß
1 Msp gemahlener Kümmel
1 Knoblauchzehe
3 kleine Steinpilze (etwa 250 g)
1 Schuß Kürbiskernöl
Salz
Pfeffer

1. Den Speck in kleine Würfel schneiden, die Schalotten schälen und fein schneiden.

2. Grieß, Speck und Schalotten in 50 g Butter anschwitzen. Mit Hühnerfond aufgießen und 1/4 Stunde köcheln lassen. Die Suppe mit geriebener Muskatnuß, wenig Kümmel, Salz und Pfeffer würzen.

3. Den Steinpilz putzen, in Streifen schneiden und in der restlichen Butter braten.

4. Die Suppe in Schalen anrichten. Die Steinpilzstreifen als Einlage hineingeben und die Suppe mit einem Schuß Kernöl abschmecken.

Topinambursuppe

Zutaten für 8 Personen

250 g Topinambur
5 Schalotten
1 bis 2 EL Erdnußöl
1/4 l Geflügelsuppe
100 g Mascarpone
1/4 l Schlagobers
evtl. Butter zum Binden
Salz
Pfeffer

1. Die Topinambur waschen und bürsten. Die Schalotten schälen und zusammen mit Topinambur kleinschneiden. Beides in Öl anschwitzen.

2. Geflügelsuppe und 1/2 Liter Wasser zum Gemüse gießen und die Topinambur in etwa 1/2 Stunde weich kochen.

3. Mascarpone und Schlagobers einrühren und weitere 5 Minuten kochen lassen.

4. Die Suppe kurz mit dem Stabmixer pürieren, durch ein Sieb streichen, salzen und pfeffern. Nach Belieben durch Einmixen von kalter Butter binden.

K. und R. Obauer

Als Einlage kann man Streifen vom Selchfleisch oder geräucherter Gänsebrust geben. Auch Rucola paßt gut in diese Suppe.

Maronirahmsuppe

Zutaten für 4 Personen

10 Maroni
2 Schalotten
1 Rosmarinzweig
1/8 l Schlagobers
1/2 l Geflügelfond
1 EL Erdnußöl
Salz
Pfeffer

1. Die Maroni einschneiden und im Backrohr bei 220 Grad etwa 10 bis 20 Minuten braten, bis sich die Schalen lösen lassen.

2. Maroni und Schalotten schälen. Die Schalotten kleinschneiden. Maroni, Schalotten und Rosmarin in Erdnußöl leicht rösten. Mit Schlagobers, Geflügelfond und Wasser aufgießen und 20 Minuten köcheln lassen.

3. Den Rosmarin aus der Suppe entfernen. Die Suppe mit dem Stabmixer pürieren, durch ein Sieb streichen und mit Salz und Pfeffer abschmecken. Als Einlage passen gebratene Streifen von Fasanen- oder Hühnerfleisch.

Wintersuppe mit Topinambur

Zutaten für 4 Personen

100 g Topinambur

1 große Karotte

1/4 Sellerieknolle

1 Petersilienwurzel

1 Erdapfel

1/8 Kopf Weißkraut

2 Knoblauchzehen

40 g Butter

1/4 l Schlagobers

3/4 l Fischfond (Rezept siehe Seite 238) oder Hühnersuppe

1 Prise Cayennepfeffer

1 EL Butter

1 EL gehackte frische Petersilie

Salz

Pfeffer

1. Topinambur unter fließendem Wasser abbürsten und ungeschält in Würfel schneiden. Karotte, Sellerieknolle, Petersilienwurzel und Erdapfel schälen und in große Würfel schneiden. Das Kraut in Fleckerln schneiden, den Knoblauch schälen und blättrig schneiden.

2. Das Gemüse in Butter anschwitzen und mit 1/4 Liter Wasser, Schlagobers und Fischfond oder Hühnersuppe auffüllen. In etwa 10 Minuten gar kochen.

3. Das Gemüse aus der Flüssigkeit heben und in Suppentellern anrichten. Die Suppe mit Salz, Pfeffer und Cayennepfeffer abschmecken, ein wenig Butter einrühren und die Suppe mit dem Stabmixer aufschlagen.

4. Die Suppe in die Teller gießen und mit Petersilie bestreut servieren.

K. und R. Obauer

Die perfekte Einlage in diese Suppe ist Hummer- oder Scampifleisch. Falls man die Suppe auf diese Weise vollendet, verwendet man bei der Zubereitung statt Fischfond oder Hühnersuppe Hummer- oder Krebsfond, den man aus den Krustentierschalen wie Fischfond zubereitet.

Klare Erdäpfelsuppe

Zutaten für 4 Personen

2 speckige Erdäpfel

8 junge Karotten

4 Schalotten

50 g Bauchspeck

1 Lorbeerblatt

1 TL getrockneter Majoran

1 Spritzer Weinessig

1 TL Kümmel

1 TL Maismehl

1 bis 2 EL frische gehackte Kräuter (Petersilie, Liebstöckel und Bohnenkraut)

Salz

Pfeffer

1. Die Erdäpfel schälen und in kleine Würfel schneiden. Karotten schälen und blättrig schneiden, Schalotten schälen und fein hacken.

2. Das Gemüse mit 1 Liter Wasser aufkochen und 5 bis 8 Minuten köcheln lassen.

3. Den Speck in Würfel schneiden. Speck, Lorbeerblatt, Majoran, Essig und Kümmel in die Suppe geben.

4. Maismehl mit 1 EL Wasser verrühren und die Suppe damit ganz leicht binden. Die Suppe mit Salz und Pfeffer abschmecken und mit frischen Kräutern bestreut servieren.

Schwarzwurzelsuppe mit Safran

Zutaten für 6 Personen

4 Schwarzwurzeln, insgesamt etwa 150 g

2 Schalotten

1/2 Knoblauchzehe

2 EL Butter

400 ml Hühnersuppe

1/4 l Schlagobers

1 EL Crème fraîche

1 Briefchen Safran

Salz

Pfeffer

1. Die Schwarzwurzeln waschen, schälen und blättrig schneiden. Schalotten und Knoblauch blättrig schneiden.

2. Das Gemüse in Butter anschwitzen, mit Hühnersuppe und 200 ml Wasser aufgießen. Schlagobers und Crème fraîche einrühren und 1/4 Stunde köcheln lassen.

3. Die Suppe mit dem Stabmixer pürieren, durch ein Sieb gießen, Safran einrühren, salzen und pfeffern. Die Suppe noch etwa 10 Minuten durchziehen lassen.

K. und R. Obauer

Sie können diese Suppe auch auf Rindsuppen-Basis zubereiten. Am besten so: 500 g Rinderwade in 1 Liter Wasser unter Zugabe der üblichen Gewürze und Gemüse 3 bis 4 Stunden auf kleinster Flamme köcheln. Weitere Zubereitung der Schwarzwurzelsuppe wie oben. Statt Hühnersuppe den Fond der Rinderwade verwenden. Geschnittenes Rinderwadenfleisch als Einlage geben.

Fisch

FRISCH AUS SEE, FLUSS UND MEER

Lachs mit Linsen

Zutaten für 4 Personen

- 600 g Lachsfilet mit Haut
- 150 g grüne Linsen
- 1 Zwiebel
- 1 Karotte
- 2 Knoblauchzehen
- 1 Pastinake
- 2 EL Butter
- 1 EL Zucker
- 60 ml Balsamicoessig
- 1/8 l Rotwein
- 1/4 l Fischfond oder Gemüsesuppe
- evtl. ein Stück Speckschwarte
- 1 TL gerebelter Majoran
- 1 Prise Cayennepfeffer
- evtl. etwas Maisstärke
- 1 Lorbeerblatt
- 4 Scheiben Hamburgerspeck
- 4 EL Schlagobers
- Öl zum Braten
- Salz
- Pfeffer

1. Die Linsen 1 Stunde in kaltem Wasser einweichen.

2. Zwiebel, Karotte und Knoblauch schälen bzw. putzen, die Pastinake waschen und bürsten. Die Gemüse kleinschneiden und in der Butter anschwitzen. Den Zucker zugeben, mit Balsamicoessig und Wein ablöschen.

3. Die Linsen abseihen und zum Gemüse geben. Fischfond oder Gemüsesuppe zugießen und alles etwa 1/4 Stunde köcheln lassen (nach Belieben ein Stück Speckschwarte zugeben).

4. Die Linsen mit Majoran, Cayennepfeffer, Salz und Pfeffer würzen. Die Garflüssigkeit eventuell mit ein wenig in Wasser angerührter Maisstärke binden. Das Backrohr auf 200 Grad vorheizen.

5. Vom Lachsfilet eventuell vorhandene Gräten entfernen. Das Filet auf der Fleischseite zuerst mit Lorbeerblatt, dann mit Speck belegen. Mit der Hautseite nach unten kurz und scharf in wenig Öl anbraten.

6. Den Lachs aus der Pfanne heben, das Linsengemüse in die Pfanne geben und mit Schlagobers beträufeln. Das Lachsfilet mit der Haut nach oben (Speck und Lorbeerblatt unten) auf die Linsen legen, salzen und pfeffern. Die Pfanne ins Rohr schieben und den Fisch im vorgeheizten Backrohr etwa 10 Minuten garen.

7. Den Lachs in Stücke teilen. Das geht am besten mit zwei Löffeln, die knusprige Haut unbedingt mitservieren! Mit den Linsen anrichten. (Oder die Pfanne zur Selbstbedienung auf den Tisch stellen).

Gefüllte Lachsforelle

Zutaten für 8 Personen

1 Lachsforelle (etwa 1,3 kg)

300 g Erdäpfel

100 g Champignons

3 Schalotten

3 EL Butter

5 große Basilikumblätter

1 Handvoll Blattspinat (50 g)

12 Scheiben Hamburgerspeck, dünn geschnitten

Olivenöl und Butter zum Braten

2 EL frische gehackte Kräuter (z.B. Kerbel, Petersilie, Liebstöckel)

3 Zitronen

Salz

Pfeffer

1. Die Erdäpfel in der Schale kochen, schälen und mit einer Gabel zerdrücken. Champignons und Schalotten putzen bzw. schälen, kleinschneiden und in 1 EL Butter anschwitzen. Die Basilikumblätter in Streifen schneiden. Den Spinat putzen, waschen und grob schneiden.

2. Das Backrohr auf 240 Grad vorheizen.

3. Den Spinat mit Erdäpfeln, der Schalotten-Champignon-Mischung sowie Salz, Pfeffer und Basilikum vermengen. Die Forelle mit dieser Mischung füllen, mit Speck umwickeln und mit Küchengarn fest binden.

4. In einer passenden Pfanne so viel Olivenöl und Butter erhitzen, daß der Boden bedeckt ist. Die Forelle salzen und pfeffern, in die Pfanne legen und im vorgeheizten Rohr etwa 20 Minuten garen. Nach der halben Garzeit das Garn aufschneiden, damit die Fülle leichter warm wird.

5. Die Garprobe machen: Die Forelle mit einer Spicknadel hinter dem Kopf einstechen. Wenn die Nadel leicht in den Fisch eindringt, ist er ausreichend gegart. Die Forelle aus der Pfanne heben und das Garn entfernen.

6. Den Bratrückstand mit dem Saft der Zitronen sowie 2 EL Butter lösen und die Kräuter einrühren.

7. Die Forelle auf eine Platte heben (angebratene Seite nach oben) und mit der Kräuterbutter zu Tisch bringen. Das Fischfleisch portionsweise von den Gräten heben, die Fülle löffelweise dazugeben.

K. und R. Obauer

Als Beilage Salat servieren. Besonders gut paßt Spinatsalat mit Erdnüssen oder Blattspinat mit Apfelessig und Schnittlauch. Für die Zubereitung der gefüllten Lachsforelle muß der Fisch mindestens zwei Tage abgelegen sein. Fangfrische Fische würden bei dieser Zubereitungsart aufplatzen.

Forellenstrudel

Zutaten für 6 Personen

2 Forellen à 350 g
1/4 l Schlagobers
1 Ei
Saft von 1 Zitrone
200 g Champignons
125 g Crème fraîche
250 g Strudelteig
etwas Butter zum Bestreichen
2 Schalotten
1 Tomate
150 ml Fischfond
125 ml Weißwein
60 ml trockener Vermouth (z.B. Noilly Prat)
Salz
Pfeffer

1. Die Forellen filetieren, Gräten und Abschnitte für die Herstellung eines Fischfonds (siehe Seite 238) verwenden.

2. Von einer Forelle die Filets in kleine Stücke schneiden. Die beiden Filets der zweiten Forelle jeweils in drei Stücke schneiden. Kleingeschnittenes Forellenfleisch mit der Hälfte des Schlagobers, Ei, Zitronensaft, Salz und Pfeffer in der Küchenmaschine kleinhacken (alle Zutaten müssen gut gekühlt sein).

3. Die Champignons putzen und fein hacken. 150 g Champignons mit der Crème fraîche aufkochen, bis eine dickliche Creme entsteht. Mit Salz, Pfeffer und einem Spritzer Zitronensaft abschmecken.

4. Den Strudelteig in sechs Quadrate von je 12 x 12 cm schneiden. Je ein Strudelblatt in eine leicht gebutterte Kaffeetasse legen, mit den Fingerspitzen gut hineindrücken, die Ränder nach außen schlagen. Eine Schicht Farce hineingeben, darauf eine Schicht Champignonpüree und ein Stück Forellenfilet. Mit Farce und Champignonpüree abschließen. Überstehende Ecken des Strudelteiges mit Butter bestreichen und über die Fülle schlagen.

5. Das Backrohr auf 220 Grad vorheizen. Die Forellenstrudel aus den Tassen auf ein gefettetes Backblech gleiten lassen, die Verschlußstelle des Teiges soll dabei nach oben zeigen. Im vorgeheizten Rohr 12 Minuten backen.

6. Für die Sauce die Schalotten schälen und hacken, die Tomate kurz in kochendes Wasser tauchen, häuten, entkernen und das Tomatenfleisch kleinschneiden. Restlichen Schlagobers mit Fischfond, Weißwein, Vermouth, Schalotten, Tomate und den restlichen gehackten Champignons zum Kochen bringen. Die Flüssigkeit auf die Hälfte einkochen.

7. Die Sauce durch ein Sieb gießen. So viel Butter unterrühren, bis die Sauce schön sämig ist. Mit Salz, Pfeffer und einem Spritzer Zitronensaft abschmecken.

8. Die Forellenstrudel mit der Sauce servieren.

Forelle mit Steinpilzsud und Nudelblatt

Zutaten für 4 Personen

4 Forellen

Zutaten für Fischfond (siehe Seite 238)

200 g Steinpilze

1 EL abgezupftes frisches Bohnenkraut

evtl. 1 Spritzer Sojasauce

etwas Maisstärke

100 g Nudelteig (siehe Seite 245)

1 TL frische feingeschnittene Estragonblätter

Salz

Pfeffer

1. Die Forellen filetieren. Aus den Gräten einen Fischfond zubereiten (siehe Seite 238). Den Fischfond abseihen und 1/4 Liter abmessen. Restlichen Fischfond einfrieren.

2. Die Steinpilze putzen und blättrig schneiden. Die Pilze in den Fond geben und aufkochen. Ein wenig Bohnenkraut und eventuell etwas Sojasauce zugeben. Den Sud salzen und pfeffern und 5 Minuten köcheln lassen. Etwas Maisstärke in Wasser anrühren und den Steinpilzsud damit leicht binden.

3. Die Forellenfilets halbieren, in den heißen Steinpilzsud legen und etwa 3 Minuten darin ziehen lassen.

4. Den Nudelteig in vier Rechtecke schneiden (etwa 10 x 15 cm) und in Salzwasser etwa 1 Minute kochen. Abseihen und mit kaltem Wasser abschrecken.

5. Die Forellenstücke in Suppenteller legen, Nudelblätter dazugeben und mit Sud und Pilzen übergießen. Mit frischem Bohnenkraut und Estragonblättchen bestreuen.

K. und R. Obauer

Wenn Sie Hühnerfond vorrätig haben, können Sie auf die Zubereitung des Fischfonds verzichten – mit Hühnerfond schmeckt das Gericht ebenso gut.
Auf gleiche Weise können zahlreiche andere Fische zubereitet werden, beispielsweise Waller, Wolfsbarsch und Saibling.

Forellenlaibchen mit Chinakohlsalat

Zutaten für 4 Personen

Für den Chinakohlsalat:

1/2 Chinakohl

1 Knoblauchzehe

1 Schalotte

1/8 l Weißwein

3 EL Fischfond (siehe Rezept Seite 238)

1 TL Estragonessig

60 ml Olivenöl

2 EL Butter

Salz

Pfeffer

Für die Forellenlaibchen:

4 Forellen à 300 g

8 Milchner

8 Forellenlebern

evtl. 4 TL Forellenkaviar

2 EL Butter

Olivenöl zum Braten

Salz

Pfeffer

1. Die Blätter vom Chinakohl waschen und in breite Streifen schneiden. Knoblauchzehe schälen und blättrig schneiden, Schalotte schälen und kleinschneiden.

2. Öl mit Butter in einem Topf erhitzen und Knoblauch und Schalotte darin anschwitzen. Den abgetropften Chinakohl zugeben und unter mehrmaligem Wenden ein wenig dünsten. Salzen und pfeffern.

3. Mit einem Schuß Wasser, Wein und dem Fischfond ablöschen und den Topf mit einem Deckel verschließen. Nach etwa 1 Minute den Essig zugießen. Den Salat zugedeckt abkühlen lassen.

4. Für die Forellenlaibchen die Forellen ausnehmen, Lebern und Milchner für die spätere Verwendung beiseite stellen. Die Forellenfilets von Kopf und Gräten befreien, die Haut abziehen. Die Filets der Länge nach halbieren. Das Backrohr auf 250 Grad vorheizen.

5. Je zwei Streifen Forellenfilet zu einer Schnecke aufrollen, mit Küchengarn binden, salzen und pfeffern. Die Laibchen auf jeder Seite ca. 20 Sekunden in heißem Olivenöl braten. Die Pfanne in das heiße Backrohr schieben und die Laibchen in etwa 6 Minuten fertig garen.

6. Milchner und Lebern salzen und pfeffern und in Butter etwa 2 Minuten schmoren.

7. Den Chinakohl lauwarm auf Teller geben. Zum Kochsaft vom Chinakohl etwa die halbe Menge Olivenöl geben und diese Mischung aufmixen, so daß eine sämige Sauce entsteht. Sauce mit Salz und Pfeffer abschmecken.

8. Die Forellenlaibchen auf den Chinakohl legen, Milchner und Lebern dazugeben und alles mit Sauce beträufeln. Nach Belieben mit Forellenkaviar bestreuen.

Palatschinken mit Räucherforelle und Sauerkraut

Zutaten für 4 Personen

Für den Teig:

6 Eier

6 EL Schlagobers

1 Prise Cayennepfeffer · Salz

Öl zum Backen

Für die Fülle:

1 Räucherforelle

150 g Crème fraîche

4 EL Sauerrahm

200 g Sauerkraut

Für die Sauce:

Forellenhaut und -gräten

1/2 Lorbeerblatt · 2 Pfefferkörner

1 kleine Knoblauchzehe

100 g Butter

1 TL gehacktes Fenchelgrün, ersatzweise Dill

etwas Zitronensaft

Salz · Pfeffer

1. Für die Fülle die geräucherte Forelle filetieren, entgräten und enthäuten. Eventuell verbliebene feine Gräten mit einer Pinzette auszupfen. Gräten und Haut aufbewahren, sie werden für die Zubereitung der Sauce benötigt. Das Forellenfleisch in kleine Stücke schneiden, mit einer Gabel zerdrücken und mit Crème fraîche und Sauerrahm verrühren.

FISCH

2. Für die Sauce die Forellengräten und -haut mit Lorbeerblatt, Pfefferkörnern und der geschälten Knoblauchzehe in einen Topf legen. Mit 1/4 Liter kaltem Wasser (knapp bedeckt) aufgießen und aufkochen. Auf kleinster Hitze etwa 1/2 Stunde ziehen lassen.

3. Für die Palatschinken Eier mit Schlagobers gut verrühren, mit Salz und Cayennepfeffer würzen. In einer Pfanne mit wenig Öl kleine Palatschinken backen.

4. Die Palatschinken nebeneinander auf der Arbeitsplatte auflegen, mit Forellenmasse bestreichen und das Sauerkraut so darauflegen, daß nach dem Einrollen das Sauerkraut an den Enden ein wenig herausragt.

5. Den Fond für die Sauce durch ein feines Sieb gießen und aufkochen. Vom Herd nehmen, die gekühlte Butter in kleinen Stücken zugeben und die Sauce mit einem Stabmixer aufschlagen. Mit Fenchelgrün, Zitronensaft, Salz und Pfeffer würzen.

6. Die Forellenpalatschinken mit der Sauce servieren. Falls die Palatschinken während der Fertigstellung der Sauce abgekühlt sind, auf ein gebuttertes Blech legen und im vorgeheizten Rohr kurz erwärmen.

K. und R. Obauer

Besonders gut schmeckt die Sauce, wenn man getrocknete Steinpilze mitkocht.

Saibling mit Kohlrabi und Limettensauce

Zutaten für 4 Personen

8 Saiblingfilets
2 Kohlrabi
2 EL Butter
2 EL Crème fraîche
3 Limetten
evtl. Kresse zum Bestreuen
Salz
Pfeffer

1. Die Kohlrabi schälen und in Spalten oder Würfel schneiden. In einen Topf geben, so viel Wasser zugießen, daß das Gemüse bedeckt ist und mit ein wenig Salz, Pfeffer sowie 1 EL Butter etwa 10 bis 15 Minuten köcheln lassen.

2. Die Saiblingfilets halbieren. Sobald der Kohlrabi fast weich ist, den Saibling darauf legen und zugedeckt etwa 3 Minuten dämpfen.

3. Kohlrabi und Fisch aus dem Fond heben und auf vorgewärmten Tellern anrichten. 1/4 Liter Fond mit Crème fraîche, 1 EL Butter und dem Saft der Limetten aufmixen. Die Sauce salzen und pfeffern, und den Fisch mit der Sauce übergießen. Mit geriebener Limettenschale und eventuell mit Kresse bestreuen. Als Beilage passen Erdäpfelknödel.

Saibling-Lasagne

Zutaten für 4 Personen

300 g Saiblingfilets

6 EL Fischfarce (siehe Seite 74, Forellenstrudel)

200 g Nudelteig (siehe Seite 245)

150 g Champignons

1 EL Butter

10 Tomaten

1 EL Zucker

1 Handvoll Basilikumblätter

Olivenöl

Butter für die Förmchen

1 Estragonzweig

1 Rosmarinzweig

Salz · Pfeffer

1. Von den Saiblingfilets alle eventuell vorhandenen Gräten entfernen. Die Filets enthäuten und insgesamt in 16 Stücke schneiden.

2. Den Nudelteig dünn ausrollen. 24 runde Blätter mit einem Durchmesser von 8 cm ausstechen.

3. Die Champignons putzen, blättrig schneiden und kurz in Butter dünsten.

4. Die Tomaten kreuzweise einschneiden, kurz in kochendes Wasser legen, kalt abschrecken, häuten und entkernen. Das Fruchtfleisch kleinschneiden, mit Zucker, ein paar kleingeschnittenen Basilikumblättern, Salz und Pfeffer kurz in 1 EL heißem Olivenöl schwenken.

5. Acht Souffléförmchen mit Butter ausstreichen, in jedes Förmchen ein wenig Olivenöl gießen (ca. 1 mm hoch) und je ein Basilikumblatt, ein wenig Estragon und Rosmarin hineinlegen. Das Backrohr auf 230 Grad vorheizen.

6. Ein Nudelblatt darauflegen, mit etwas Fischfarce bestreichen, mit Champignons bestreuen, etwas gedünstete Tomaten daraufgeben und mit einem Stück Saibling belegen. Mit einem Nudelblatt bedecken, und in der gleichen Reihenfolge wie vorher die Zutaten in die Förmchen schichten. Mit einem Nudelblatt abschließen und mit Olivenöl bestreichen.

7. Die Saibling-Lasagne im vorgeheizten Rohr 11 Minuten garen. 5 bis 10 Minuten warm ruhen lassen. Auf Teller stürzen und mit dem Rest der geschmolzenen Tomaten und eventuell einer Rieslingsauce servieren.

K. und R. Obauer

Dieses Gericht eignet sich besonders für größere Gesellschaften, da es vorzüglich vorbereitet und in wenigen Minuten fertiggestellt werden kann.

Aal mit Schwarzbrotbröseln und Räucherfischsauce

Zutaten für 4 Personen

- 30 Käferbohnen
- 1 Stück Schinkenschwarte
- getrockneter Thymian
- 2 Aale à 750 g
- Saft von 1 Zitrone
- 2 EL Schwarzbrotbröseln
- 2 Schalotten
- 250 g Gräten und Häute von Räucherfischen (z.B. von Forelle oder Lachs)
- 1 kleines Lorbeerblatt
- 50 g getrocknete Steinpilze
- Butter zum Binden der Sauce
- 8 Knoblauchzehen
- Olivenöl zum Braten
- 2 Scheiben Beinschinken
- 1 Schuß Essig
- Salz
- Pfeffer

1. Die Bohnen einen Tag einweichen, abseihen, mit einem Stück Schinkenschwarte und etwas Thymian in 1 1/2 Liter Wasser in etwa 1 Stunde weich kochen. Die Bohnen abseihen.

2. Die Aale filetieren, die Haut in Abständen von 1 mm einschneiden und jedes Filet in drei Stücke schneiden. Mit Zitronensaft beträufeln und mit Salz und Pfeffer würzen. Die hautlose Seite in Schwarzbrotbrösel drücken.

3. Für die Sauce die Schalotten schälen und blättrig schneiden. Die Gräten und Häute der Räucherfische mit 1/2 Liter kaltem Wasser langsam aufkochen. Aufsteigenden Schaum abschöpfen. Schalotten, Lorbeerblatt und Steinpilze zugeben. Den Fond so lange köcheln lassen, bis die Flüssigkeit auf die Hälfte reduziert ist.

4. Den Fond abseihen und mit Salz und Pfeffer würzen. So viel kalte Butter einmixen, daß sich eine leicht sämige Sauce ergibt.

5. Das Backrohr auf 220 Grad vorheizen. Die ungeschälten Knoblauchzehen in Olivenöl 10 Minuten sieden, aus dem Fett heben und schälen.

6. In einen ofenfesten Topf ein wenig Olivenöl geben, die Aalfilets mit der Hautseite nach unten einlegen und im vorgeheizten Backrohr etwa 7 Minuten braten.

7. Den Schinken kleinschneiden. Die Bohnen mit Schinken, fritiertem Knoblauch und einem Schuß Olivenöl und etwas Essig vermischen. Mit Salz und Pfeffer abschmecken. Den Aal mit Sauce und Bohnen anrichten.

FISCH

Aal mit Gewürzreis

Zutaten für 4 Personen

400 g Aal

2 Tassen Langkornreis

1 EL Butter

2 junge Zwiebeln

2 Schalotten

2 Knoblauchzehen

1/2 Karotte

1 kleines Stück Ingwerwurzel

5 EL Erdnußöl

1/2 TL Paprikapulver (edelsüß)

1/2 TL Curry

1 EL Sojasauce

1 Msp Cayennepfeffer

abgeriebene Schale einer unbehandelten Zitrone

Salz

Pfeffer

1. Den Reis in der Butter anschwitzen. 4 Tassen Wasser zugießen und den Reis weich dünsten. Abgießen und mit kaltem Wasser abspülen.

2. Den Aal filetieren, jedoch nicht enthäuten, und in etwa 2 cm lange Stücke schneiden. Die Zwiebeln schälen und in etwa 3 cm lange Stücke schneiden, Schalotten und Knoblauch schälen und in feine Würfel schneiden, Karotte schälen und in Stäbchen schneiden, den Ingwer putzen und in feine Würfel schneiden.

3. 1 EL Erdnußöl erhitzen (am besten in einer Eisenpfanne) und die Aalstücke darin ein paar Minuten braten.

4. Gemüse, Ingwer sowie Paprikapulver, Curry, 4 EL Erdnußöl, Sojasauce und Cayennepfeffer zugeben. Alles ein paar Minuten braten.

5. Den Reis zugeben und alles noch weiterbraten, bis der Reis ein wenig geröstet ist.

6. In Suppentellern servieren und mit geriebener Zitronenschale bestreuen. Eventuell noch mit Salz abschmecken.

K. und R. Obauer

Dieses Gericht hat eine Ähnlichkeit mit dem „Mongolischen Feuertopf". Es schmeckt auch vorzüglich mit Tintenfisch, Scampi und anderen festfleischigen Fischen oder Meeresfrüchten sowie mit Hühnerfleisch.

FISCH

Zanderfilet mit Sardellen und Bohnensalat

Zutaten für 4 Personen

- 4 Zanderfilets, insgesamt etwa 600 g
- 250 g weiße Bohnen oder Käferbohnen
- 1 Lorbeerblatt
- 1 Rosmarinzweig
- 2 Zweige Bohnenkraut
- evtl. ein Stück Speckschwarte
- 1 Zwiebel
- 50 g Sardellenfilets
- 4 Fleischtomaten
- 1 guter Schuß Weißweinessig
- 1 TL Zucker
- 1 TL zerstoßener schwarzer Pfeffer
- 4 bis 5 EL Olivenöl
- 1 Chilischote, in sehr feine Streifen geschnitten
- 1 EL gehackter Kerbel, Estragon und Liebstöckel
- 2 bis 3 EL Butter
- Saft von 1 Zitrone
- 1 bis 2 TL Sojasauce
- etwas Sardellenpaste
- 1 Bund Petersilie
- Weißbrotbröseln zum Panieren
- 3 EL Butterschmalz
- Salz · Pfeffer

1. Die Bohnen über Nacht einweichen. Abseihen, in einen Topf geben und mit frischem, kaltem Wasser bedecken. Lorbeerblatt, Rosmarin, Bohnenkraut und eventuell ein Stück Speckschwarte zugeben. Die Bohnen in etwa 1 1/2 Stunden weich kochen. Das Kochwasser der Bohnen bis auf einen kleinen Rest abgießen.

2. Die Zwiebel schälen und kleinschneiden. Die Sardellenfilets und die Zwiebel mit den Bohnen vermischen.

3. Von den Fleischtomaten die Strünke ausschneiden, die Tomaten kurz in kochendes Wasser legen, kalt abschrecken, häuten und entkernen. Das Fruchtfleisch in Würfel schneiden und zu den Bohnen geben. Weißweinessig, Zucker, zerstoßenen schwarzen Pfeffer, reichlich Olivenöl, Chilischote und die gehackten Kräuter einrühren.

4. Die Butter zerlassen. Die Zanderfilets salzen, mit Zitronensaft und ein wenig Sojasauce beträufeln und mit etwas Sardellenpaste bestreichen. Die Petersilie waschen, trockentupfen und fein hacken. Die Zanderfilets darin wenden, durch die geschmolzene Butter ziehen und in Weißbrotbröseln wälzen.

5. Die Zanderfilets im Butterschmalz bei kleiner Hitze zuerst auf der Hautseite anbraten. Nach 3 bis 4 Minuten wenden (gesamte Garzeit 6 bis 8 Minuten).

6. Die Zanderfilets mit dem Bohnensalat servieren (der Salat schmeckt lauwarm am besten).

K. und R. Obauer

Der Bohnensalat muß ein wenig feurig schmecken. Statt der Chilischote kann man auch Cayennepfeffer zum Würzen verwenden.

FISCH

Zander mit Balsamicoessig und Topinamburschalotten

Zutaten für 4 Personen

12 Schalotten

400 g Topinambur

2 EL Erdnußöl

1 EL Butterschmalz

1 frischer Thymianzweig

600 g Zanderfilet

Mehl zum Wenden

2 EL Olivenöl

2 EL Balsamicoessig

evtl. 2 EL brauner Hühnerfond

Meersalz

evtl. einige Petersilienzweige zum Fritieren

Salz

Pfeffer

1. Das Backrohr auf 200 Grad vorheizen.

2. Die Schalotten schälen, Topinambur waschen, bürsten und in Stücke schneiden, die etwa so groß sind wie die Schalotten. Topinambur und Schalotten mit Erdnußöl, Butterschmalz und Thymian in eine ofenfeste Form geben und im Backrohr 20 Minuten schmoren (die Topinamburstücke müssen weich sein). Aus dem Rohr nehmen.

3. Die Zanderfilets in je acht Stücke schneiden, salzen, pfeffern und in Mehl wenden. Ein wenig Olivenöl in einer Pfanne erhitzen. Die Zanderfilets mit der Hautseite nach unten einlegen, die Pfanne ins vorgeheizte Rohr schieben und den Zander etwa 5 Minuten braten.

4. Das Gemüse aus der Bratform heben. Den Bratrückstand mit Balsamicoessig verrühren, falls vorhanden auch braunen Hühnerfond einrühren.

5. Das Gemüse auf vier Teller verteilen, die Zanderstücke daraufsetzen und mit dem Saft vom Gemüse beträufeln. Mit frisch geriebenem schwarzen Pfeffer und Meersalz bestreuen. Nach Belieben mit fritierter Petersilie garnieren.

K. und R. Obauer

Apropos Butterschmalz:
Dieses Fett eignet sich vorzüglich zum Braten
und Backen. Es bringt den vollen Geschmack der
Butter, ist aber wesentlich hitzebeständiger.
Butterschmalz ist auch länger haltbar als Butter.
Man sollte es stets im Kühlschrank haben!

Wallergröstl

Zutaten für 4 Personen

400 g Wallerfilet

600 g Erdäpfel

Olivenöl zum Braten

4 Knoblauchzehen

1 Spritzer Balsamicoessig

1 EL Schnittlauch, in Röllchen geschnitten

1 EL Liebstöckel, in Streifen geschnitten

Salz

1. Die Erdäpfel waschen und in Salzwasser kochen. Schälen und in Scheiben schneiden. Die Erdäpfel in Olivenöl knusprig braten und salzen.

2. Den Knoblauch schälen und in Scheiben schneiden. Das Wallerfilet in 3 cm große Würfel schneiden. Knoblauch und Wallerstückchen mit der Hautseite nach unten in Olivenöl braten und mit einem Spritzer Balsamicoessig würzen.

3. Erdäpfel und Waller vermischen und auf vier Teller verteilen. Mit Schnittlauch und Liebstöckel bestreuen und servieren.

Karpfen in Essigsauce

Zutaten für 4 Personen

4 Filets vom Lederkarpfen

1/2 bis 1 TL Anis

3 Basilikumstengel

3 Schalotten

1 EL Essig

1 Bund Schnittlauch

Salz

Für den Gemüsefond:

5 kleine Karotten

8 Schalotten

1 kleines Bund Thymian

100 ml Essig (5 % Säure)

100 g Zucker

Für die Sauce:

4 Schalotten

1 Knoblauchzehe

1/4 l Gemüsefond

1/8 l Weißwein

1 EL Crème fraîche

Butter zum Binden

evtl. 1 Prise gemahlene Kurkumawurzel

Salz

Pfeffer

1. Die Karpfenfilets mit der Hautseite nach oben auf ein Brett legen und in Abständen von 3 mm tief einschneiden (nicht durchschneiden). Die auf diese Weise geschröpften Karpfenfilets in portionsgroße Stücke schneiden.

2. 3/4 Liter Wasser mit ein wenig Anis, Basilikumstengeln, geschälten Schalotten und Essig in einem Topf erhitzen und die Filets über dem Sud dämpfen. Den Schnittlauch waschen und kleinschneiden.

3. Für den Fond Karotten und Schalotten putzen bzw. schälen und feinblättrig schneiden. Mit 1 Liter Wasser aufkochen. Thymianzweige, Essig und Zucker zugeben und 2 Minuten sieden lassen. Den Fond durch ein feines Sieb abgießen.

4. Für die Sauce Schalotten und Knoblauch schälen und blättrig schneiden. Mit 1/4 l Fond und Weißwein so lange kochen, bis die Flüssigkeit auf die Hälfte reduziert ist. Die Sauce durch Einrühren von kalter Butter und ein wenig Crème fraîche binden und mit Salz und Pfeffer würzen (nach Belieben auch ein wenig Kurkuma einrühren).

5. Den Karpfen mit Sauce und viel Schnittlauch servieren.

K. und R. Obauer

Als Beilage passen Salzkartoffeln oder Nudeln.
Für die Sauce zu diesem Gericht benötigt man nur ein Viertel des Gemüsefonds. Den Rest kann man (mit dem Gemüse) in Einmachgläser füllen und luftdicht verschlossen lange aufbewahren.

Hechtlaibchen mit Speck und Saubohnen

Zutaten für 4 Personen

750 g Hechtfilet

50 g Speck

mehrere kleine Lorbeerblätter

2 kg Saubohnen in der Schote

1/4 l Schlagobers

1 TL kleingehackter Rosmarin

Butter zum Binden der Sauce

1 feingehackte Knoblauchzehe

1 bis 2 EL Olivenöl zum Braten

Salz · Pfeffer

1. Die Gräten aus dem Hechtfilet mit einem scharfen, schlanken Messer herausschneiden, und das Filet in ca. 3 cm breite Tranchen schneiden. Das Hechtfleisch zu Schnecken rollen, mit einem Lorbeerblatt und einem Stückchen Speck belegen und mit Küchengarn fest binden.

2. Die Bohnen aus den Schoten brechen, kurz in Salzwasser blanchieren, eiskalt abschrecken und schälen.

3. Das Schlagobers mit Rosmarin schwach köcheln lassen. 60 ml Kochwasser der Bohnen zugießen und so viel kalte Butter einmixen, daß die Sauce eine zart-sämige Konsistenz erhält. Mit Salz, Pfeffer und Knoblauch abschmecken.

4. Die Hechtlaibchen auf jeder Seite etwa 5 Minuten zugedeckt in Olivenöl braten.

5. Die Bohnen in der Sauce erwärmen. Das Garn von den Hechtlaibchen entfernen. Die Hechtlaibchen mit Bohnen und Sauce servieren.

FISCH

Gedämpfte Schleie mit Paprika-Weißkraut

Zutaten für 4 Personen

Filets von 4 Schleien, insgesamt ca. 600 g
2 Zwiebeln
1 Knoblauchzehe
1 EL Butter
1 TL Zucker
3/4 l Rindsuppe
4 EL edelsüßer Paprika
2 Fleischtomaten
1/2 Lorbeerblatt
1 Prise Cayennepfeffer
1/4 Kopf Weißkraut
4 EL Sauerrahm
Salz

1. Zwiebeln und Knoblauch schälen, blättrig schneiden und in Butter anschwitzen. Den Zucker einrühren, mit Rindsuppe oder Wasser aufgießen und den Paprika einrühren.

2. Die Tomaten oben kreuzweise einschneiden, kurz in heißes Wasser legen, kalt abschrecken und die Haut abziehen. Die Tomaten entkernen, das Fruchtfleisch klein schneiden. Das Tomatenfleisch mit Lorbeerblatt, Cayennepfeffer und Salz in die Suppe geben. So lange kochen, bis die Flüssigkeit auf etwa zwei Drittel reduziert ist.

3. Vom Kraut den Strunk entfernen und das Kraut blättrig schneiden (Fleckerln von etwa 2 cm Kantenlänge). Das Kraut in die Suppe geben und darin zugedeckt etwa 3 Minuten köcheln lassen.

4. Die Schleienfilets enthäuten, eventuelle Gräten auszupfen. Die Filets auf das Kraut legen, leicht salzen und etwa 5 Minuten auf dem Kraut dämpfen.

5. Das Kraut auf Teller geben, die Fischfilets darauf anrichten und je 1 EL Sauerrahm dazugeben.

K. und R. Obauer

Diese Zubereitungsart eignet sich für alle Süßwasserfische mit hohem Fettgehalt, z.B. Aal, Karpfen oder Waller. Als Beilage passen Spätzle oder in der Schale gedämpfte Erdäpfel. Im Frühling Bärlauch dazugeben!

FISCH

Rheinanke mit Sauerkraut und Sardellensauce

Zutaten für 4 Personen

8 Rheinankenfilets, entgrätet
400 g kleine Erdäpfel
1 Karotte
50 g Knollensellerie
1 Pastinake
3 Schalotten
60 ml Weißwein
1 Prise Zucker
400 g Sauerkraut
1/8 l Hühnerfond
1/8 l Schlagobers
2 EL Crème fraîche
1 EL Sardellenpaste
Saft von 1 Zitrone
Butter zum Binden der Sauce
Salz
Pfeffer

1. Die Erdäpfel in der Schale kochen, schälen.

2. Karotte, Knollensellerie, Pastinake und Schalotten schälen oder putzen, in kleine Würfel schneiden und mit dem Wein und einer Prise Zucker etwa 15 Minuten kochen.

3. Das Sauerkraut mit dem Wurzelgemüse und Fond vermischen und erwärmen.

4. Für die Sauce den Hühnerfond mit Schlagobers, Crème fraîche und Sardellenpaste aufkochen und schaumig aufschlagen. So viel Butter unterrühren, daß die Sauce eine sämige Konsistenz bekommt. Mit Salz, Pfeffer und Zitronensaft abschmecken.

5. Die Fischfilets auf das Sauerkraut legen, mit Sardellensauce übergießen und die Erdäpfel dazugeben. Rheinanken und Erdäpfel auf dem Kraut zugedeckt 5 Minuten dämpfen.

6. Sauerkraut, Erdäpfel und Fischfilets auf vier Tellern anrichten. Die Sauce noch einmal kurz im Mixer aufschlagen und Fische und Kraut damit beträufeln.

K. und R. Obauer

Statt Hühnerfond können Sie auch Rindersuppe verwenden. Wenn Sie einen kräftigeren Geschmack wünschen, können Sie den Fisch braten statt dämpfen.

Gebackene Scholle mit Erdäpfeln und Kresse

Zutaten für 4 Personen

500 g heurige Erdäpfel
4 Eier
600 g Schollenfilets
Saft von 2 Zitronen
Saft von 1 Orange
Mehl
Weißbrotbrösel
Pflanzenöl und Butter zum Ausbacken
60 g Kresse
1 Schuß Kürbiskernöl
etwas Essig (z.B. Sherry-, Balsamico- oder Himbeeressig)
1 EL gehackte Kräuter der Saison
Salz
Pfeffer

1. Die Erdäpfel gut waschen und mit der Schale dämpfen. Etwas abkühlen lassen und schälen. 2 Eier hart kochen und schälen.

2. Von den Schollenfilets die Haut abziehen, die Filets salzen, pfeffern und mit etwas Zitronen- und Orangensaft beträufeln. Die restlichen Eier in einem tiefen Teller verquirlen, Mehl und Weißbrotbrösel ebenfalls in zwei tiefe Teller geben.

3. Die Schollenfilets nacheinander in Mehl, Eiern und Weißbrotbröseln wenden. Die panierten Filets in halb Öl, halb Butter schwimmend goldbraun backen.

4. Inzwischen die Kresse waschen, trockentupfen, in eine Salatschüssel geben und salzen. Mit Zitronensaft, Kernöl und Essig beträufeln und die beiden hartgekochten Eier darüber reiben.

5. Die Erdäpfel in ein paar Eßlöffel Backfett der Schollenfilets unter Zugabe der gehackten Kräuter schwenken, salzen und pfeffern. Die Erdäpfel mit den Schollenfilets und dem Kressesalat anrichten.

K. und R. Obauer

Statt mit Weißbrotbröseln können Sie die Schollen auch mit Maisstärke panieren. Dafür die Maisstärke mit etwas Wasser anrühren und die Filets durchziehen. Als Beilage schmeckt ein frischer Salat aus Spinat und Rucola, mit etwas Orangensaft beträufelt und mit Pinienkernen bestreut.

Wolfsbarsch mit Rettich und Gewürzbuttersauce

Zutaten für 4 Personen

4 Wolfsbarsche à 250 bis 300 g, geschuppt
600 g Bierrettich
1 1/2 EL Zucker
4 EL Estragonessig
2 Schalotten
1/2 Karotte
1/4 l Weißwein
1/2 Knoblauchzehe
1/2 TL Curry
1 EL Crème fraîche
Butter zum Binden der Sauce
1 Prise Cayennepfeffer
evtl. ein paar kleingehackte Bärlauchblätter
Salz
Pfeffer

1. Den Rettich schälen, reiben und in einen kleinen Topf geben. So viel Wasser zugeben, daß der Rettich eben bedeckt ist. 1 EL Zucker zufügen und 5 Minuten köcheln lassen. Einen Schuß Estragonessig zugießen, salzen, pfeffern und vermischen.

2. Die Schalotten und die halbe Karotte schälen und blättrig schneiden. Restlichen Essig, Weißwein und 1/4 Liter Wasser mit restlichem Zucker und der gepreßten Knoblauchzehe so lange kochen, bis die Flüssigkeit auf die Hälfte reduziert ist.

3. Den Fond abseihen, Curry und Crème fraîche einrühren. So viel kalte Butter unterrühren, daß die Sauce schön sämig wird. Mit Salz, Pfeffer und Cayennepfeffer abschmecken.

4. Die Fische auf beiden Seiten je viermal einschneiden (schröpfen), salzen und über Wasserdampf 10 Minuten garen.

5. Den Rettich auf vier Teller verteilen. Die Fische daraufsetzen und die Sauce dazu reichen. Nach Belieben mit Bärlauch bestreuen.

K. und R. Obauer

Für dieses Gericht eignen sich auch Felchen, Rheinanken oder Lachs. Die beste Beilage zu diesem Gericht ist flaumiges Erdäpfelpüree.

Seezunge mit grünen Bohnen, Pfirsichen und Scampi

Zutaten für 4 Personen

12 Seezungenfilets mit Haut, insgesamt etwa 600 g

8 Scampi

350 g Fisolen und/oder breite Bohnen

1 junger Kohlrabi

4 Jungzwiebeln

1 kleines Stück Ingwerwurzel

1 unbehandelte Zitrone

1 reifer, aber festfleischiger Pfirsich

2 EL Olivenöl

2 EL Sojasauce

2 EL Fisch- oder Hühnerfond (siehe Seite 238)

Butter

Salz

Für die Sauce:

1 Knoblauchzehe

6 Korianderkörner

2 EL Zitronensaft

4 EL Erdnußöl

1 EL Sojasauce

1 Prise Zucker

1. Für die Sauce den Knoblauch schälen und in feine Würfel schneiden. Die Korianderkörner im Mörser zerstoßen. Alle Zutaten gut miteinander verrühren.

2. Die Fisolen und Bohnen putzen, den Kohlrabi schälen und in Spalten schneiden. Fisolen, Bohnen und Kohlrabi blanchieren, abseihen und unter kaltem Wasser abschrecken.

3. Den Ingwer klein schneiden (etwa 1 TL voll), die Schale von der Zitrone abreiben. Den Pfirsich in Spalten schneiden. Die Jungzwiebeln putzen und in 3 cm lange Stücke schneiden.

4. Das Olivenöl in einer Pfanne erhitzen und Fisolen, Bohnen, Kohlrabi, Jungzwiebeln, Ingwer und Zitronenschale darin rasch anrösten. Mit Sojasauce und Fisch- oder Hühnerfond ablöschen. Den Pfirsich zugeben und durchschwenken.

5. Die Seezungenfilets salzen und dämpfen. (Falls kein Topf mit Dämpfeinsatz verfügbar ist, die Seezungenfilets in eine leicht mit Butter eingefettete Pfanne legen, etwas Wasser zugeben und in der Pfanne zugedeckt garen.)

6. Die Scampi auslösen, dabei die Schwanzflosse nicht entfernen. In sehr heißem Olivenöl etwa 1/2 Minute braten. Aus der Pfanne heben und mit Zitronensaft beträufeln.

7. Seezungenfilets und Scampi auf Gemüse anrichten, mit Sauce beträufelt servieren.

Ohne Fleisch

KRAUT, RÜBEN UND ANDERES GEMÜSE

OHNE FLEISCH

Bergkäse-Eierstich mit Wurzelmilch

Zutaten für 8 bis 10 Personen

120 g milder Bergkäse oder Fontina-Käse
1 Knoblauchzehe
1/4 l Milch
1/4 l Schlagobers
4 Eidotter
4 Eier
1 Prise Muskatnuß
Salz
Pfeffer
Butter für die Form
Für die Sauce:
50 g Karotten
20 g Sellerieknolle
50 g Petersilienwurzeln
20 g Topinambur
1 Zwiebel
1/4 l Milch
1/4 l Schlagobers
Salz
Pfeffer

1. Das Backrohr auf 170 Grad vorheizen.

2. Den Käse reiben oder kleinschneiden. Den Knoblauch schälen und zerdrücken. Alle Zutaten für den Eierstich in einer Rührschüssel mit dem Schneebesen über Dampf so lange rühren, bis der Käse geschmolzen ist (nicht länger).

3. Eine Terrinenform oder eine andere feuerfeste Form mit Butter ausstreichen. Die Masse einfüllen und die Form in ein Wasserbad stellen. Im vorgeheizten Rohr 35 bis 40 Minuten garen. Die Nadelprobe machen: Eine dicke Nadel in die Masse stechen und ein paar Sekunden darin stecken lassen. Wenn sich die Nadel an der Stelle, wo sie in der Mitte der Masse war, lauwarm anfühlt, ist der Eierstich fertig. Die Temperatur der Nadel mit den Lippen fühlen!

4. Für die Sauce die Gemüse putzen, schälen und kleinschneiden. Die Gemüse zusammen mit Milch und Schlagobers 15 Minuten köcheln lassen. Salzen und pfeffern, mit dem Stabmixer pürieren und durch ein feines Sieb streichen. Falls die Sauce zu dick ist, mit Milch verdünnen.

5. Den Eierstich mit einem Löffel nockerlförmig ausstechen und mit Wurzelsauce übergießen.

K. und R. Obauer

Dazu passen gebratene Herbsttrompeten, Steinpilze oder weiße Trüffeln.

Rahmschwammerln

Zutaten für 4 Personen

- 1 kg Schwammerln
- 4 Schalotten oder 1 kleine Zwiebel
- 1 Knoblauchzehe
- 1 EL Butter
- 200 g Crème fraîche
- evtl. Maisstärke
- 1 bis 2 EL frische feingehackte Kräuter (Liebstöckel, Petersilie, Schnittlauch, Fenchelkraut)
- 1 Prise Kümmel
- Salz
- Pfeffer

1. Die Schwammerln putzen. Schalotten oder Zwiebel und Knoblauch fein schneiden und in Butter anschwitzen. Die Schwammerln zugeben, salzen, pfeffern und zugedeckt 5 Minuten dünsten.

2. Den Bratsaft abseihen und mit Crème fraîche verrühren. Die Sauce eventuell durch Einrühren von ein wenig Maisstärke binden.

3. Kümmel und Kräuter zugeben und nochmals mit den Schwammerln aufkochen.

4. Die Rahmschwammerln mit Butternockerln (siehe Seite 239) oder Knödeln servieren.

Gebackene Parasole mit Pilzsauce

Zutaten für 4 Personen

- 4 mittelgroße oder 8 kleine Parasolpilze
- 2 Eier, Mehl und Semmelbröseln für die Panade
- Pflanzenöl zum Braten
- Salz
- Für die Sauce:
- 200 g Pilze
- 4 Schalotten
- 2 Knoblauchzehen
- 1 EL Öl
- 1 EL frische gehackte Kräuter der Saison (z.B. Petersilie, Kerbel, Schnittlauch)
- 1 TL weiße Pfefferkörner
- 1/4 l Sauerrahm
- 1 TL Zucker
- 1 EL Sherry- oder Balsamicoessig
- 1 Prise Cayennepfeffer
- Salz

1. Von den Parasolpilzen die Stiele wegschneiden. Die Eier in einem tiefen Teller verquirlen, Mehl und Semmelbröseln ebenfalls in zwei tiefe Teller geben. Die Pilzköpfe nacheinander in Mehl, Eiern und Semmelbröseln wenden und in einer Pfanne in heißem Pflanzenfett backen.

2. Für die Sauce Pilze, Schalotten und Knoblauch putzen bzw. schälen und klein schneiden. In Öl anbraten und so lange dünsten, bis das austretende Wasser verdampft ist.

3. Kräuter, gestoßene Pfefferkörner, Sauerrahm, Zucker, Essig, Cayennepfeffer und etwas Salz miteinander verrühren.

4. Die gebackenen Parasole salzen, pfeffern und mit der Sauce servieren.

OHNE FLEISCH

Steinpilze auf drei Arten

Zutaten für 4 Personen

2 kg Steinpilze

Für gebackene Pilze:

Mehl, 1 Ei und Semmelbröseln zum Panieren

Butterschmalz zum Backen

einige Petersilienstengel

1 bis 2 TL Zitronensaft

Salz

Für Rahmpilze:

1 bis 2 EL Erdnußöl

1 bis 2 EL Olivenöl

Milch

Schlagobers

1 EL frische gehackte Kräuter (z.B. Kerbel,

Sellerieblätter, Liebstöckel, Schnittlauch)

Salz

Pfeffer

Für gebratene Pilze:

2 bis 3 EL Olivenöl

1 Schalotte

1 Rosmarinzweig

Salz

Pfeffer

Erste Art: Gebackene Pilze

1. Ein Drittel der Pilze (die schönsten Exemplare aussuchen) in dicke Scheiben schneiden. Nacheinander in Mehl, verquirltem Ei und Bröseln wenden. In Butterschmalz goldbraun backen.

2. Die Petersilienblättchen von den Stielen zupfen und im Butterschmalz fritieren.

3. Die Pilze vor dem Servieren salzen, mit Zitronensaft beträufeln und mit fritierter Petersilie garnieren.

Zweite Art: Rahmpilze

1. Ein weiteres Drittel der Pilze blättrig schneiden. In halb Erdnuß-, halb Olivenöl kurz anbraten, salzen und pfeffern.

2. Mit soviel Milch und Schlagobers zu gleichen Teilen aufgießen, daß die Pilze bedeckt sind. Etwa 2 Minuten köcheln lassen, die Flüssigkeit sollte sämige Konsistenz annehmen.

3. Die Kräuter einrühren.

Dritte Art: Gebratene Pilze

1. Die restlichen Pilze blättrig schneiden und in einer großen Pfanne in recht heißem Olivenöl rasch braten.

2. Die Schalotte schälen und zusammen mit den Rosmarinnadeln hacken. Unter die Pilze rühren, kurz braten, salzen und pfeffern.

K. und R. Obauer

Die Pilzgerichte separat auf Serviertellern anrichten. Als Beilage zu den Rahmpilzen passen Butternockerln (Rezept auf Seite 239) oder Erdäpfelknödel.

Spargel mit Morcheln, Brennesseln und Heurigen

Zutaten für 4 Personen

300 g kleine heurige Erdäpfel
1 kg dicken Spargel
1 TL Zucker
300 g frische Morcheln
2 Schalotten
1/8 l Schlagobers
60 ml Cognac
evtl. ein Stück Schinkenschwarte
Butter zum Binden der Sauce
evtl. etwas Maisstärke
50 g kleine Brennesselblätter
Salz

1. Die Erdäpfel gründlich waschen und mit der Schale in Salzwasser weich kochen.

2. Den Spargel waschen, schälen und die holzigen Enden wegschneiden. Den Spargel in Wasser mit Zucker und Salz bißfest kochen, in Eiswasser abschrecken.

3. Die Morcheln in eiskaltem Wasser gründlich waschen. Die Stiele abschneiden. Die Schalotten schälen und blättrig schneiden. Morchelstiele und Schalotten so lange in einer Mischung aus 1/8 Liter Wasser, Schlagobers und Cognac zugedeckt sanft köcheln, bis die Flüssigkeit auf die Hälfte reduziert ist; wenn vorhanden, ein Stück Schinkenschwarte mitköcheln.

4. Die Flüssigkeit abseihen und so viel kalte Butter unterrühren, daß die Sauce eine sämige Konsistenz hat (evtl. auch mit ein wenig in Wasser angerührter Maisstärke binden).

5. Die Brennesselblätter waschen. 2 EL Butter in einer Kasserolle leicht bräunen. Die Brennesseln darin kurz schwenken.

6. Die Morcheln in 2 EL Butter (noch besser 1 EL Butter und 2 EL Erdnußöl) zugedeckt braten.

7. Spargel und Morcheln in tiefen Tellern anrichten und mit der Sauce überziehen. Die Brennesseln daraufgeben. Mit den ungeschälten Erdäpfeln servieren.

K. und R. Obauer

Statt der Erdäpfel kann man auch Erdäpfelpüree als Beilage reichen. Das Püree mit Kresse oder Sauerampfer bestreuen.

Spargelpudding mit Parmesansauce

Zutaten für 4 Personen
(oder 8 Vorspeisen-Portionen)

300 g Spargel

1 Schalotte

1 EL Butter

2 EL Mehl

100 ml Milch

20 g geriebener Parmesan

1 Ei

4 Eidotter

Butter und Semmelbröseln für die Förmchen

einige Basilikumblätter

1/4 l Schlagobers

Salz

Für die Sauce:

1/8 l Milch

1/8 l Schlagobers

4 EL geriebener Parmesan

2 EL Schotten oder magerer Topfen

1/2 Knoblauchzehe

1 Msp gemahlener Kümmel

Salz

Pfeffer

1. Den Spargel schälen, die holzigen Enden wegschneiden. Den geputzten Spargel (etwa 200 Gramm) blättrig schneiden. Die Schalotte schälen und kleinschneiden.

2. Schalotte und Spargel in Schlagobers unter Zugabe von ein wenig Salz köcheln, bis die Flüssigkeit auf die Hälfte reduziert ist. Alles mit dem Stabmixer pürieren.

3. Die Butter erhitzen, das Mehl einrühren und hell anschwitzen. Unter ständigem Rühren mit Milch aufgießen. Den geriebenen Parmesan einrühren und alles zu einer sämigen Masse kochen.

4. Abkühlen lassen. Ei und Dotter mit dem Schneebesen einrühren. Diese Béchamelsauce mit dem Spargelpüree verrühren.

5. Acht Förmchen mit geschmolzener Butter ausstreichen und mit Semmelbröseln ausstreuen. Auf die Förmchenböden Basilikumblätter legen und die Masse einfüllen. Die Förmchen in den Dämpfeinsatz eines Topfes stellen und 15 bis 20 Minuten garen (oder im Wasserbad im Rohr bei 180 Grad pochieren).

6. Für die Sauce Milch und Schlagobers aufkochen, Parmesan und Schotten oder Topfen mit dem Schneebesen einrühren. Salzen und pfeffern und mit zerdrücktem Knoblauch und Kümmel abschmecken. Zu einer sämigen Sauce aufmixen.

7. Den Spargelpudding auf Teller stürzen und mit der Sauce umgießen.

K. und R. Obauer

Dieses Gericht eignet sich vorzüglich zur Verwertung von Spargelstangen ohne Spitzen. Die feinen Spitzen kann man hingegen als Beilage zu Fisch oder Fleischgerichten verwenden. Wenn man den Spargel vor dem Kochen dünnblättrig schneidet, braucht man das Mus nicht mehr durch ein Sieb zu streichen.

Schwarzwurzel-Gratin

Zutaten für 4 Personen

6 EL grüne Linsen
8 Schwarzwurzeln
Butter für die Form
50 g Herbsttrompeten oder Shiitake-Pilze
100 g Bergkäse
1/4 l Schlagobers
1/8 l Milch
Salz
Pfeffer

1. Die Linsen in kaltes Wasser legen und 1 Stunde einweichen.

2. Die Schwarzwurzeln eiskalt waschen, schälen und so zurechtschneiden, daß sie in den Topf passen. Etwa 20 Minuten in Salzwasser kochen, bis sie gut weich sind.

3. Eine Gratinform gut mit Butter ausstreichen. Die Schwarzwurzeln in 5 cm lange Stücke schneiden und zusammen mit den Linsen in die Form geben.

4. Die Pilze putzen, blättrig schneiden und auf die Schwarzwurzeln streuen. Das Backrohr auf 200 Grad vorheizen.

5. Den Käse reiben. Schlagobers, Milch und Käse verrühren, mäßig salzen und pfeffern (der Bergkäse bringt schon viel Würze). Diese Mischung in die Form gießen. Im Rohr 15 bis 20 Minuten backen.

Spinatmus mit Spargel

Zutaten für 4 Personen

Für das Spinatmus:
250 g Spinat
1/8 l Hühnersuppe
2 Blatt Gelatine
1/4 l Schlagobers
1/2 EL Sauerrahm
Salz
Pfeffer
1 EL frische gehackte Kräuter (z.B. Petersilie, Kerbel)

Für den Spargel:
8 Stangen Spargel
1 bis 2 TL Butter
1 TL Zucker
Salz

Für die Sauce:
1/4 l Spargelfond
6 EL Erdnußöl
1 Ei
1 EL Butter
Salz
Pfeffer

1. Den Spinat putzen, waschen und in Salzwasser kurz blanchieren. In eiskaltem Wasser abschrecken und ausdrücken. 10 schöne Blätter für das Auslegen der Formen reservieren, den restlichen Spinat, 60 ml vom Kochwasser des Spinats und die Hälfte der Hühnersuppe mit dem Stabmixer pürieren.

2. Die Gelatine in kaltem Wasser einweichen. Die restliche Hühnersuppe leicht erwärmen. Die Gelatine ausdrücken und in der Hühnersuppe auflösen.

3. Schlagobers und Sauerrahm mit Salz und Pfeffer cremig schlagen und mit Gelatine und Spinatpüree rasch vermischen.

4. Acht Förmchen mit Spinatblättern auslegen und mit Spinatmus füllen. Das Mus etwa 3 Stunden kühlen.

5. Den Spargel schälen, die holzigen Enden wegschneiden. Den Spargel in leicht gesalzenem und gezuckertem Wasser mit etwas Butter 10 Minuten kochen. In eiskaltem Wasser abschrecken.

6. Für die Sauce die Schalen und die weggeschnittenen Enden vom Spargel in das Kochwasser vom Spargel geben und zugedeckt 15 Minuten bei geringer Hitze ziehen lassen. Die Flüssigkeit abseihen. Den heißen Spargelfond mit den restlichen Zutaten aufmixen.

7. Das Mus auf Teller stürzen, mit Spargel und Sauce anrichten. Mit frischen Kräutern bestreuen.

K. und R. Obauer

Dieses Gericht schmeckt auch sehr gut mit geräuchertem Fleisch oder Fisch.

Spinatrisotto

Zutaten für 4 Personen

250 g Blattspinat

3 Schalotten

3 EL Olivenöl

250 g Risottoreis

evtl. Parmesanrinde

1/2 l Hühnersuppe

1/8 l Weißwein (z.B. Chardonnay oder Muskateller)

100 g Butterkäse (z.B. Montasio)

50 g Butter

Salz

Pfeffer

1. Den Blattspinat putzen, waschen und blanchieren. In eiskaltem Wasser abschrecken und mit ein klein wenig eiskaltem Wasser mixen, so daß sich ein dickes Püree ergibt.

2. Die Schalotten kleinschneiden und in Olivenöl anschwitzen. Den Reis einrühren und, falls vorhanden, ein Stück Parmesanrinde zugeben.

3. Mit Hühnersuppe und Weißwein aufgießen und unter Rühren etwa 20 Minuten ohne Deckel auf kleiner Hitze köcheln lassen. Falls die Masse zu trocken wird, heißen Wein und heiße Suppe zugießen (siehe Tip unten).

4. Wenn der Reis eine breiige Konsistenz hat, den Spinat einrühren. Den Butterkäse klein schneiden und einrühren. Die Butter in kleine Stückchen schneiden und unterrühren. Risotto mit Salz und Pfeffer abschmecken.

5. Eventuell mit geschnittenem Basilikum und etwas Minze bestreuen. Sehr gut schmeckt Spinatrisotto in Kombination mit gesottenem Beinschinken.

K. und R. Obauer

Risotto immer nur heiß aufgießen. Bei Zugabe von kalter Flüssigkeit können die Reiskörner platzen. Gesalzen wird erst zum Schluß, damit sich der Reis nicht schält.

Mangoldrouladen mit Reis und Safran

Zutaten für 4 Personen

2 Schalotten

125 g Langkornreis

1 bis 2 EL Butter

1/8 l Hühnerfond oder -suppe

1 Msp Safran

1/2 rote Paprikaschote

evtl. 6 Okraschoten

1 EL Topfen

3 EL Sauerrahm

4 EL Olivenöl

1 Prise Cayennepfeffer

1 Prise Kreuzkümmel

1 Spritzer Sojasauce

12 Mangoldblätter

Butter zum Bestreichen

evtl. etwas Balsamico- oder Reisessig

Salz

1. Die Schalotten schälen und kleinschneiden. Mit dem Reis in Butter anschwitzen, mit Hühnerfond und 1/8 Liter Wasser aufgießen. Salz, Safran, Paprikaschote und, wenn verfügbar, Okraschoten zugeben. Den Reis weich dünsten.

2. Das Gemüse aus dem Reis nehmen und kleinschneiden. Topfen mit Sauerrahm, Gemüse und ein wenig Olivenöl vermischen, mit Cayennepfeffer, Kreuzkümmel und Sojasauce würzen. Diese Mischung mit dem Reis verrühren.

3. Das Backrohr auf 200 Grad vorheizen. Die Mangoldblätter waschen und trockentupfen. Mit der Reismasse füllen, einrollen und die Enden einschlagen, so daß die Fülle nicht austreten kann.

4. Die Rouladen in eine gebutterte Form setzen, mit ein wenig geschmolzener Butter bestreichen und im Rohr etwa 10 Minuten wärmen.

5. Die Rouladen vor dem Servieren eventuell mit ein wenig Balsamico- oder Reisessig besprenkeln.

K. und R. Obauer

Diese Roulade ist auch eine vorzügliche Beilage zu gedämpftem Fisch. Man kann sie auch wie Wiener Schnitzel panieren und in dieser Variante zu deftigeren Gerichten geben (zum Beispiel zu gerösteter Leber) oder als Hauptspeise servieren.

Kraut und Rüben

Zutaten für 4 Personen

500 g Weißkraut (am besten Spitzkraut)
250 g kleine weiße Rüben
4 Knoblauchzehen
3 EL Schmalz
1 bis 2 TL Zucker
1/4 l Weißwein (am besten Muskateller)
1 große Weintraube
1/2 TL Kümmel
Salz
Pfeffer

1. Das Kraut in Streifen schneiden. Die Rüben waschen und halbieren. Den Knoblauch schälen und blättrig schneiden.

2. Den Knoblauch in Schmalz anbraten, Kraut und Rüben zugeben, leicht zuckern und mit Wein aufgießen.

3. Die Weinbeeren von den Stielen zupfen, insgesamt benötigt man zwei Tassen voll. Die Weinbeeren und etwas Kümmel zum Gemüse geben und zugedeckt 10 Minuten dünsten. Mit Salz und Pfeffer abschmecken.

K. und R. Obauer

Dieses Gericht läßt sich vielfältig erweitern. Beispielsweise schmeckt dazu Räucherlachs (kurz vor dem Servieren ein paar Scheiben Räucherlachs auf das heiße Gemüse legen). Oder: Etwa 1 Minute vor Ende der Garzeit Scheiben vom Beinschinken auf das Gemüse legen und mitdünsten.

Grappa-Erdäpfel

Zutaten für 4 Personen

1 kg mittelgroße, festkochende Erdäpfel
1/8 l Grappa
1/8 l Crème fraîche
Kaviar
grobes Meersalz

1. Das Backrohr auf 210 Grad vorheizen. Die Erdäpfel gründlich waschen. In eine ofenfeste Form etwa 1/2 cm hoch grobes Meersalz streuen, die Erdäpfel darauf setzen und 45 Minuten bis 1 Stunde im Rohr garen.

2. Die Erdäpfel oben einschneiden, aufquetschen und in die Höhlung ein wenig Meersalz streuen. Eher großzügig Grappa in die Erdäpfel gießen, mit jeweils 1 EL Crème fraîche abschließen. Dazu paßt jede Art von Kaviar.

K. und R. Obauer

Ein tolles Gericht für überraschende Gäste – wenn man Kaviar im Haus hat. Grappa-Erdäpfel eignen sich auch vorzüglich als Beilage zu großen Braten oder Gegrilltem.

OHNE FLEISCH

Artischocken mit Ricottafülle

Zutaten für 4 Personen

4 große Artischocken

1 Zitronenscheibe

200 g Ricotta

1 EL frische gehackte Kräuter (Minze, Basilikum, Rucola)

1 Schuß Kürbiskernöl

4 Mangoldblätter oder große Spinatblätter

1 bis 2 EL Olivenöl

Pesto (siehe Seite 245) oder Paradeiserkompott (siehe Seite 250)

Salz

1. 2 Liter leicht gesalzenes Wasser unter Zugabe einer Zitronenscheibe zum Kochen bringen.

2. Von den Artischocken die Stiele abbrechen, die Artischocken in das Wasser legen und kochen, bis sich die Blätter leicht lösen lassen.

3. Die Artischocken kalt abschrecken, die Blätter abzupfen, den Bart mit einem Löffel entfernen und die Böden putzen.

4. Den Ricotta mit Kräutern und Kernöl verrühren und in die Artischockenböden füllen.

5. Die Spinat- oder Mangoldblätter blanchieren. Unter kaltem Wasser abschrecken. Die gefüllten Artischockenböden damit bedecken. Das Backrohr auf 200 Grad vorheizen.

6. Ein wenig Olivenöl in einen Topf gießen, die Artischocken einlegen, mit ein wenig Olivenöl beträufeln und ein paar Eßlöffel Artischockenfond zugeben. Die Artischocken im Rohr etwa 12 Minuten garen.

7. Mit Bratensaft und ein wenig Pesto oder Paradeiserkompott servieren.

Erdäpfel-Käsecreme mit Pilzen

Zutaten für 4 Personen

3 bis 4 mehlige Erdäpfel

1/8 l Schlagobers

1/4 l Milch

100 g Bergkäse

300 g Steinpilze

1 bis 2 EL Olivenöl

evtl. 1 bis 2 TL gehacktes Fenchelkraut

Salz

Pfeffer

1. Die Erdäpfel schälen, kleinschneiden und in Salzwasser weich kochen.

2. Schlagobers und Milch erwärmen. Die Erdäpfel abseihen und durch die Erdäpfelpresse in die Milch-Obers-Mischung drücken. Den Bergkäse reiben und einrühren. Eventuell mit Salz und Pfeffer abschmecken.

3. Die Pilze putzen und kleinschneiden. In Olivenöl braten, salzen und pfeffern, eventuell gehacktes Fenchelkraut zugeben.

4. Die Erdäpfel-Käsecreme in tiefen Tellern anrichten und mit Steinpilzen servieren.

K. und R. Obauer

Zur Erdäpfel-Käsecreme passen auch andere geschmacksintensive Pilze. Der passendste, wenn auch teuerste, ist die weiße Trüffel aus Alba.

Gefüllte Kohlrabi

Zutaten für 4 Personen

1 Ei

4 Kohlrabi

100 g Eierschwammerln

2 Schalotten

1 EL Butter

1 dicke Scheibe Weißbrot

1/8 l Sauerrahm

1 Msp gemahlener Koriander

1 Msp Kümmel

etwas frischer gehackter Kerbel

3 bis 4 EL Olivenöl

1 bis 2 TL Zitronensaft

Salz

1. Das Ei hart kochen und schälen.

2. Von den Kohlrabi die Kappen mit den Blättern abschneiden. Die unteren Teile schälen und aushöhlen, so daß eine etwa 1 cm dicke Wand erhalten bleibt. Die ausgehöhlte Masse kleinschneiden.

3. Eierschwammerln und Schalotten putzen bzw. schälen und kleinschneiden. In Butter anschwitzen.

4. Das Weißbrot entrinden, kleinschneiden und mit den Kohlrabischnitzen, Schwammerln und 3 EL Sauerrahm vermischen. Das Ei reiben und einrühren. Die Masse mit Koriander, Kümmel, Kerbel und Salz würzen und in die Kohlrabi füllen.

5. Das Backrohr auf 200 Grad vorheizen. Die Kohlrabideckel aufsetzen und mit Küchengarn so binden, daß die Kohlrabiblätter rund um die Kohlrabi gewickelt sind.

6. Nicht zu knapp Olivenöl sowie ein paar Eßlöffel Wasser und den restlichen Sauerrahm in eine feuerfeste Form geben und miteinander vermischen. Die Kohlrabi hineinsetzen und im Rohr etwa 45 Minuten braten.

7. Vor dem Servieren das Küchengarn entfernen, die Kohlrabi auf Tellern anrichten und mit ein wenig Zitronensaft beträufeln. Mit dem Bratensaft servieren.

Zucchininudeln

Zutaten für 4 Personen

500 g kleine Zucchini

1 Zwiebel oder 5 Schalotten

2 Knoblauchzehen

4 bis 5 EL Olivenöl

1 Zweig Bohnenkraut

1/8 l Sauerrahm

400 g Nudeln

evtl. 1 bis 2 EL Kürbiskernöl und geriebenen Bergkäse, Gruyère oder Parmesan zum Bestreuen

Salz

Pfeffer

1. Die Zucchini mit Salz und kaltem Wasser abreiben und in große Würfel schneiden.

2. Zwiebel oder Schalotten und Knoblauch schälen und kleinschneiden und in 3 EL Olivenöl anschwitzen. Die Zucchini zugeben, salzen und pfeffern.

3. Die Blätter vom Bohnenkraut abzupfen und fein schneiden. Bohnenkraut und Sauerrahm zu den Zucchini geben. Die Zucchini bißfest dünsten.

4. Die Nudeln in Salzwasser kochen. Abseihen, in den Topf zurückgeben und mit dem restlichen Olivenöl durchrühren.

5. Die Nudeln portionsweise auf vier Tellern anrichten und die Zucchini daraufgeben. Nach Belieben mit Kernöl beträufeln und mit geriebenem Käse bestreuen.

Erdäpfelnidei mit warmem Krautsalat

Zutaten für 4 Personen

1 kg mehlige Erdäpfel

300 g griffiges Mehl

3 Eier

1 Prise geriebene Muskatnuß

Butterschmalz zum Backen

1 Prise getrockneter Gebirgswermut

50 g Speck

1 Zwiebel

1/2 Weißkraut, fein geschnitten

1 TL Kümmel

ca. 1/8 l Essig (je nach Schärfe des Essigs)

Salz

Pfeffer

1. Die Erdäpfel kochen, schälen und durch die Presse drücken. Mit Mehl, Eiern, Muskatnuß, Salz und Pfeffer zu einem Teig verarbeiten.

2. Aus dem Teig daumendicke Rollen formen. Etwa 2 Zentimeter lange Stücke abschneiden und in heißem Butterschmalz goldgelb backen. Nudeln mit getrocknetem Gebirgswermut bestreuen.

3. Während die Erdäpfel kochen, kann man den Krautsalat zubereiten: Speck in Würfel schneiden, die Zwiebel schälen und kleinschneiden. Speck und Zwiebel in 1 EL Butterschmalz anrösten.

4. Das Kraut in einen großen Topf geben. Gerösteten Speck, Zwiebeln und Kümmel zum Kraut geben. 1/2 Liter Wasser mit dem Essig aufkochen und über das Kraut gießen. Das Kraut 1/4 Stunde zugedeckt ziehen lassen, dabei eventuell über Wasserdampf warm halten.

Bärlauch-Frischkäse-Kuchen mit Pignoli

Zutaten für 1 Kuchen von 25 cm Durchmesser

Für den Auslegeteig:

200 g glattes Mehl

120 g kalte Butter

1 bis 2 EL kaltes Wasser

1 Ei

Salz

Für die Fülle:

150 g Blattspinat

30 Bärlauchblätter

10 Basilikumblätter

3 EL Pignoli

2 Eier

5 EL geriebener Parmesan

60 ml Olivenöl

100 g Frischkäse (am besten eignen sich Ziegenfrischkäse oder Ricotta)

Für die Sauce:

2 Eier

4 EL Olivenöl

1 EL Zitronensaft

Salz

Pfeffer

1. Mehl mit kalter Butter abbröseln, mit dem Ei, Wasser und ein wenig Salz rasch verkneten. In Frischhaltefolie einschlagen und ca. 1/2 Stunde kühl ruhen lassen.

2. Das Backrohr auf 220 Grad vorheizen. Den Teig 3 mm dick ausrollen, eine Form mit dem Teig so auslegen, daß der Rand über die Form steht (beim Backen zieht sich der Teig zusammen). Backpapier und getrocknete Bohnen oder andere Hülsenfrüchte auf den Boden geben und den Teig 15 Minuten vorbacken. Backpapier und Hülsenfrüchte entfernen (die Hülsenfrüchte für das Blindbacken kann man immer wieder und jahrelang verwenden).

3. Für die Fülle Blattspinat und Bärlauch waschen, putzen und grob schneiden. In einem Mörser mit Basilikum, Pignoli, Eiern, Parmesan und Olivenöl etwa 1 Minute verreiben. Den vorgebackenen Teig mit der Masse füllen, mit Frischkäse bedecken und bei 200 Grad etwa 15 Minuten backen.

4. Für die Sauce die Eier hart kochen, schälen und fein reiben. Mit Olivenöl, Salz, Pfeffer und Zitronensaft abrühren.

5. Den Kuchen vor dem Servieren etwas abkühlen lassen, am besten lauwarm mit der Sauce servieren.

K. und R. Obauer

Dieser Kuchen eignet sich auch gut als Beilage zu geräuchertem Fleisch. Der Teig gelingt besser, wenn man ihn in größeren Mengen zubereitet. Die hier angegebenen Zutaten reichen für zwei Kuchen. Den restlichen Teig kann man in Frischhaltefolie eingeschlagen im Kühlschrank bis zu einer Woche ohne Qualitätsverlust aufbewahren.

Topinambur-Kohlwickler mit Wurst

Zutaten für 4 Personen

250 g speckige Erdäpfel

100 g Topinambur

2 EL Schmalz

1 dicke Scheibe Hamburgerspeck

1 dicke Scheibe Beinschinken

2 Schalotten

1 Prise gemahlener Kümmel

1 bis 2 EL frische gehackte Kräuter (z.B. Majoran, Thymian, Liebstöckel, Petersilie)

1 Knoblauchzehe

8 große Wirsingblätter

Butter

evtl. ein paar Pilze (z.B. Champignons, Shiitake-Pilze) und zusätzlich 2 bis 3 Knoblauchzehen

4 frische Weißwürste oder Bratwürste

Salz

Pfeffer

1. Die Erdäpfel kochen, schälen und in Würfel schneiden.

2. Die Topinambur waschen, bürsten, in kleine Würfel schneiden und in Schmalz anbraten.

3. Speck und Schinken in Streifen oder Würfel schneiden. Die Schalotten schälen und blättrig schneiden. Alles zu den Topinambur geben und kurz mitbraten. Die Erdäpfel zugeben und mit Kümmel, Kräutern, Salz, Pfeffer und einer zerdrückten Knoblauchzehe abschmecken.

4. Das Backrohr auf 200 Grad vorheizen.

5. Die Wirsingblätter in Salzwasser weich kochen und in eiskaltem Wasser abschrecken. Mit einem Schnitzelklopfer oder Plattiereisen ein wenig flachklopfen. Mit dem Gröstl belegen und zu Rouladen oder Päckchen einschlagen.

6. Eine ofenfeste Form mit Butter ausstreichen, die Wickler einlegen und eventuell ein paar geschnittene Pilze und Knoblauchzehen dazugeben. Im vorgeheizten Rohr etwa 1/4 Stunde schmoren. Dazu Wurst servieren (z.B. Weißwurst, Bratwurst, Braunschweiger).

K. und R. Obauer

Diese Wickler eignen sich auch als Beilage zu Wildgerichten oder Schmorbraten.

OHNE FLEISCH

Topinambur-Pizza

Zutaten für 6 Personen

400 g Topinambur

1/4 l Schlagobers

30 kleine Oliven

1 bis 2 TL gehackte Rosmarinnadeln

1 bis 2 EL Olivenöl

Salz

Pfeffer

Für den Briocheteig:

250 g glattes Mehl

3 Eier

120 g Butter

2 EL Milch

30 g Kristallzucker

5 g Germ

5 g Salz

1. Für das Topinamburpüree 200 g Topinambur waschen, bürsten und kleinschneiden. So viel Schlagobers zugießen, daß die Topinambur bedeckt sind. Mäßig salzen und pfeffern. Topinambur ganz weich kochen.

2. Einen Teil der Flüssigkeit abgießen und die Topinambur pürieren. So viel von der Kochflüssigkeit wieder zugießen, daß eine sämige Masse entsteht. Mit Salz und Pfeffer abschmecken.

3. Die restlichen Topinambur in ganz dünne Scheiben schneiden. Das Backrohr auf 200 Grad vorheizen.

4. Die Zutaten für den Briocheteig mit einem Kochlöffel ca. 10 Minuten wie einen Nockerlteig schlagen (der Teig sollte nach dem Schlagen sehr elastisch sein). Teig vor der weiteren Verarbeitung ca. 3. Stunden gekühlt rasten lassen.

5. Den Briocheteig zu einem großen Fladen formen. Mit Topinamburpüree bestreichen und mit Topinamburscheiben fächerförmig belegen. Mit Rosmarin bestreuen, die Oliven darauf verteilen und die Pizza mit Olivenöl besprenkeln. 15 Minuten im Rohr backen.

K. und R. Obauer

Die Pizza wird noch schmackhafter, wenn man sie mit dünnen Scheiben von Steinpilzen oder Trüffeln bestreut und mit Steinpilz- oder Trüffelöl beträufelt.

DIE GROSSEN KLASSIKER

Mariniertes Backhuhn mit Sauerrahm-Gurkensalat

Zutaten für 4 Personen

2 Hühnerbrustfilets
2 Hühnerkeulen
4 EL Sauerrahm
1 unbehandelte Zitrone
evtl. Paprikapulver (edelsüß)
2 Eier
Mehl
Semmelbrösel
2 bis 3 EL Butterschmalz
2 Gurken
1 EL Crème fraîche
1 EL Kräuter der Saison (z.B. Kerbel, Zitronenmelisse, Schnittlauch)
einige Petersilienblättchen oder Löwenzahnblätter
Salz
Pfeffer

1. Hühnerbrustfilets und Hühnerkeulen enthäuten, aus den Keulen die Knochen auslösen.

2. Aus 2 EL Sauerrahm, geriebener Zitronenschale, ein wenig Zitronensaft, Salz, Pfeffer und eventuell ein wenig Paprikapulver eine Marinade anrühren. Die Hühnerteile in der Marinade wenden und 1 Stunde oder länger darin ziehen lassen.

3. Das marinierte Hühnerfleisch panieren: nacheinander durch Mehl, verquirlte Eier und Brösel ziehen. In Butterschmalz goldbraun backen.

4. Für den Salat die Gurken schälen, hacheln (feinblättrig schneiden), salzen und etwa 15 Minuten durchziehen lassen. Die ausgetretene Flüssigkeit abgießen. Die Gurken mit dem restlichen Sauerrahm, Crème fraîche, Pfeffer und den Kräutern verrühren.

5. Die Petersilienblättchen kurz im heißen Butterschmalz fritieren und das Backhuhn mit Salat sowie fritierter Petersilie servieren.

K. und R. Obauer

So wird das Backhuhn zu einem köstlichen Hühner-Cordon-bleu: Steinpilze und Eierschwammerln kleinschneiden, gemeinsam mit ein wenig gehackter Schalotte in Butter anschwitzen. Hühnerbrüste einschneiden, mit den Pilzen füllen, zusammenklappen und panieren.

Huhn mit Rucola-Polentafülle

Zutaten für 4 Personen

1 küchenfertige Poularde oder Perlhuhn von etwa 1,6 kg
1 Schalotte
1 EL Butter
70 g Polenta
evtl. ein paar getrocknete Steinpilze, ganz fein zermahlen
6 Knoblauchzehen
1 Bund Rucola
1 Ei
1 EL Erdnußöl
evtl. 1 Prise Kreuzkümmel
evtl. 1 Schuß Süßwein
etwas Balsamicoessig
Salz
Pfeffer

1. Die Schalotte schälen und kleinschneiden, in ein wenig Butter anschwitzen. Die Polenta einrühren, 1/4 Liter Wasser zugießen, salzen, pfeffern. Eventuell etwas Steinpilzmehl einrühren. Die Polenta zu dickbreiiger Konsistenz kochen und abkühlen lassen.

2. Rucola waschen und kleinschneiden. Zusammen mit dem Ei in die Polenta rühren.

3. Das Huhn auslösen (wie beim Rezept der gefüllten Ente beschrieben, siehe Seite 129). Das Huhn füllen und die Öffnungen vernähen. Das Backrohr auf 200 Grad vorheizen.

4. Ein wenig Erdnußöl in eine ofenfeste Form geben. Das Huhn mit der Brust nach oben einlegen, mit weicher Butter einstreichen, salzen, pfeffern. Die ungeschälten Knoblauchzehen dazugeben und das Huhn im Rohr etwa 1 Stunde braten. Während des Bratens wenig Wasser und/oder Süßwein angießen. Immer wieder mit dem Bratensaft übergießen.

5. Gegen Ende der Garzeit ein paar Spritzer Essig zugeben. Das Huhn nach dem Braten im abkühlenden Backrohr etwa 1/2 Stunde ruhen lassen.

6. Das Küchengarn entfernen und das Huhn in Viertel schneiden. Achtung: Die Fülle ist weich. Man braucht ein scharfes Messer und muß die Teile mit einer Palette auf die Teller heben.

K. und R. Obauer

Absolut unwiderstehlich wird dieses Gericht, wenn man die Polenta mit ein paar kleingeschnittenen schwarzen Trüffeln bereichert. Als Beilage passen gebratene Pilze.

Gebratene Poularde mit Braterdäpfeln

Zutaten für 4 Personen

1 Poularde von etwa 2 kg

30 bis 40 g Butter

1 Rosmarinzweig

1 bis 2 EL Erdnußöl

500 g kleine junge Erdäpfel

1/2 bis 1 EL Mehl

1 Spritzer Essig

1/8 l herber Wein (Schilcher)

1 Prise geriebene Muskatnuß

nach Belieben Kreuzkümmel

Salz

Pfeffer

1. Das Backrohr auf 200 Grad vorheizen. Die Poularde innen salzen und pfeffern, außen mit zerlassener Butter bestreichen, salzen und pfeffern. In die Bauchhöhle Rosmarin geben.

2. Die Poularde mit einem kräftigen Schuß Erdnußöl in einen Bratentopf geben und 1/4 Stunde im Rohr braten. Die Hitze auf 180 Grad reduzieren und die Poularde noch etwa 1 3/4 Stunden braten. Immer wieder mit der Bratflüssigkeit übergießen.

3. Die Erdäpfel schälen und nach etwa 1 1/4 Stunden Garzeit zur Poularde geben.

4. Erdäpfel und Poularde aus dem Topf heben und warm stellen. Die Flüssigkeit in der Bauchhöhle zum Bratensaft gießen. Den Bratensaft mit etwas Mehl bestäuben und ein wenig kochen lassen. Essig und Wein zugeben und aufkochen. Mit Salz, Pfeffer und geriebener Muskatnuß abschmecken.

5. Die Poularde teilen und mit Saft und Erdäpfeln servieren. Am Teller mit Salz, Pfeffer und Kreuzkümmel würzen.

K. und R. Obauer

Als zusätzliche Beilagen eignen sich grüne Bohnen, Salat von roten Rüben oder Blattsalate mit gehackten Erdnüssen.

Gefüllte Ente mit Äpfeln

Zutaten für 8 Personen

- 2 Enten à etwa 2 kg
- etwas zerlassene Butter
- 1 Prise Kümmel
- 1 TL getrockneter Majoran
- evtl. etwas Beifuß
- etwas Honig · Mehl
- 6 EL Balsamicoessig · 1/4 l Rotwein
- evtl. 1 TL kleingeschnittener Ingwer und/oder Zitronengras
- Butter zum Binden der Sauce · Salz · Pfeffer

Für die Fülle:
- 4 altbackene Semmeln oder 200 g Knödelbrot
- 1 Prise geriebene Muskatnuß
- 1 TL getrockneter Majoran
- 1 Knoblauchzehe
- evtl. ein paar getrocknete Steinpilze
- 180 ml Milch
- 1/2 Zwiebel
- Lebern von den Enten
- 50 g Champignons oder andere Pilze
- 100 g Butter · 2 Eier
- Salz · Pfeffer

Für die Safran- oder Limettenäpfel:
- 4 säuerliche, feste Äpfel
- 4 EL Kristallzucker · 2 EL Butter
- ein wenig Safran oder Limettenschale
- Apfelsaft

Für den Gewürzhonig:
- 2 EL Honig
- 1/2 TL Kümmel · 1/2 TL Ingwer (fein geschnitten)
- 1 kleine Zehe Knoblauch
- Saft und Schale von je 1 Orange und Zitrone (Schale feinst geschnitten)
- 1/2 TL schwarzer Pfeffer · 10 Nadeln Rosmarin

1. Die Semmeln in Würfel schneiden, mit Salz, Pfeffer, Muskatnuß, Majoran und gepreßtem Knoblauch vermischen. Eventuell auch 1 TL gemahlene Steinpilze einrühren. Die Masse mit warmer Milch übergießen.

2. Die Zwiebel schälen und zusammen mit den Entenlebern kleinschneiden, die Pilze putzen und blättrig schneiden. Zwiebel, Lebern und Pilze in 2 bis 3 EL Butter anschwitzen. Diese Mischung unter die Semmeln heben.

3. Die restliche Butter mit Eiern und ein wenig Salz glattrühren. Den Butterabtrieb mit der Semmelmasse verrühren. Die Masse zusammendrücken und ruhen lassen.

4. Die Enten auslösen. Dazu am Rücken die Haut durchschneiden und mit kleinen Schnitten bzw. durch Schaben das Fleisch auf beiden Seiten bis zum Brustbein von den Knochen lösen. (Achtung: Die Haut beim Brustbein behutsam lösen – sie sollte nicht zerschnitten werden.) Die Keulenknochen aus den Hüftgelenken schneiden, die Oberschenkelknochen auslösen; die Unterschenkelknochen bleiben im Fleisch.

5. Die Enten am vorderen Ende und über den Rücken mit Küchengarn zunähen. Füllen und die noch offenen Stellen ebenfalls zunähen. Die Enten mit Butter einstreichen, mit Salz, Pfeffer, Kümmel, Majoran und eventuell Beifuß würzen. Das Backrohr auf 220 Grad vorheizen.

6. Die Enten mit der Brustseite nach oben in einen Bratentopf geben. Die Knochen kleinhacken und zu den Enten geben, ein wenig Wasser zugießen und die Enten im vorgeheizten Rohr anbraten. Nach 1/4 Stunde die Hitze auf 190 Grad reduzieren und die Enten noch etwa 2 1/4 Stunden braten. Immer wieder mit dem Bratensaft übergießen.

7. Die Zutaten für den Gewürzhonig vermischen und kurz aufkochen. Etwa 10 Minuten vor Ende der Garzeit die Ente damit bestreichen.

8. Die Enten aus dem Topf heben und bis zu einer halben Stunde warm stellen; nach dem Rasten kann man die Fülle besser schneiden.

9. Vom Bratensaft das Fett abschöpfen. Knochen und Saft mit ein wenig Mehl bestäuben, Balsamicoessig, Rotwein, eventuell ein wenig klein geschnittenen Ingwer und/oder Zitronengras einrühren. Den Bratensaft auf die Hälfte einkochen. Abseihen und so viel kalte Butter einrühren, daß eine sämige Sauce entsteht. Mit Salz und Pfeffer abschmecken.

10. Die Äpfel mit der Schale in Spalten schneiden, Kerngehäuse entfernen. Den Kristallzucker in Butter karamelisieren. Die Apfelspalten im Zucker schwenken, ein wenig Safran oder geriebene Limettenschale und einen Schuß guten Apfelsaft zugeben. Nochmals kurz durchschwenken.

11. Von den Enten das Küchengarn entfernen. Die Enten in Scheiben schneiden und mit Sauce und Äpfeln servieren.

K. und R. Obauer

Als Alternative zu der hier angegebenen Fülle kann man die Ente auch mit Speckstücken, halbierten Steinpilzen, Stücken von Topinambur, geriebener Orangenschale, Pignoli und ein wenig Zimt füllen.

Entenbrust mit Chicorée und Zitronen-Balsamicosauce

Zutaten für 4 Personen

ausgelöste Brüste von 2 Enten, insgesamt etwa 700 g
1 bis 2 TL gestoßener schwarzer Pfeffer
1 TL Kümmel
2 bis 3 EL Erdnußöl
4 Chicorée
4 EL Butter
etwas Zucker zum Bestreuen
2 Semmeln
Saft von 2 Zitronen
60 ml Balsamicoessig
1/2 l guter Rotwein
2 EL Zucker
1 Knoblauchzehe
1 TL feingehackter Ingwer
30 bis 40 g Butter zum Binden
1 EL frischer gehackter Majoran
Salz

1. Die Haut der Entenbrüste mit einem scharfen Messer gitterförmig einschneiden, jedoch nicht bis aufs Fleisch durchschneiden.

2. Pfeffer, Kümmel und Erdnußöl verrühren und die Entenbrüste von beiden Seiten durch diese Mischung ziehen. Das Backrohr auf 200 Grad vorheizen.

3. In einer Pfanne ein wenig Erdnußöl erhitzen. Die Entenbrüste auf der hautlosen Seite kurz anbraten, wenden, und auf der Hautseite scharf anbraten. Bei reduzierter Hitze noch etwa 5 Minuten braten, bis die Haut Farbe genommen hat.

4. Die Pfanne ins Rohr schieben und die Entenbrüste noch etwa 10 Minuten braten. Das Fleisch muß innen noch rosa sein; machen Sie dafür die Druckprobe: das Fleisch darf sich nicht mehr schwabbelig anfühlen, soll aber auch noch nicht völlig fest geworden sein. Die Pfanne aus dem Rohr nehmen, mit Folie abdecken und die Entenbrüste noch 10 Minuten in der Pfanne ruhen lassen.

5. Die Chicoréekolben halbieren. In einer Pfanne die Butter erhitzen, die Chicorée mit der Schnittfläche nach oben einlegen und mit Salz, Pfeffer und Zucker bestreuen. Die Semmeln in nicht zu kleine Stücke brechen und auf den Chicorée legen. Chicorée und Semmeln bei 220 Grad im Rohr etwa 20 Minuten braten.

6. Den Zitronensaft mit Balsamicoessig, Rotwein, Zucker, der feinst geschnittenen Knoblauchzehe und dem Ingwer so lange kochen, bis eine kräftige sämige Sauce entstanden ist.

7. Das Fleisch aus der Pfanne heben, die Sauce in die Pfanne gießen und damit den Bratensatz lösen. Ein wenig Butter in die Sauce rühren und mit Salz und Pfeffer abschmecken.

8. Die Entenbrüste in Scheiben schneiden, mit Sauce, Chicorée und Semmeln anrichten. Fleisch mit geriebener Zitronenschale und frischem Majoran bestreuen.

Ausgelöste Gans mit Pilzfülle

Zutaten für 6 bis 8 Personen

1 Gans von etwa 3,5 kg

Butter zum Bestreichen

1 Msp Kümmel

1 bis 2 TL getrockneter Majoran

1 bis 2 EL flüssiger Honig

1/2 bis 1 EL Mehl

5 EL Balsamicoessig

1/4 l Rotwein

Salz

Pfeffer

Für die Fülle:

4 altbackene Semmeln oder 200 g Knödelbrot

1 Prise geriebene Muskatnuß

1 TL getrockneter Majoran

evtl. etwas getrockneter Beifuß

1 Knoblauchzehe

evtl. ein wenig getrocknete Steinpilze

180 ml Milch

1/2 Zwiebel

Leber von der Gans

50 g Champignons oder Steinpilze

100 g Butter

2 Eier

Salz

Pfeffer

1. Für die Fülle die Semmeln in Würfel schneiden. Semmelwürfel oder Knödelbrot mit Salz, Pfeffer, Muskatnuß, Majoran, eventuell Beifuß und der gepreßten Knoblauchzehe vermischen. Eventuell auch 1 TL „Steinpilzpulver", d.h. getrocknete und gemahlene Steinpilze, einrühren. Mit warmer Milch übergießen und vermischen.

2. Die Zwiebel und die Leber von der Gans klein schneiden, ein paar Champignons oder andere Pilze blättrig schneiden. Zwiebel, Leber und Pilze in etwas Butter anschwitzen und diese Mischung unter die Semmeln heben.

3. Die restliche zimmerwarme Butter mit Eiern und ein wenig Salz glattrühren und unter die Semmelmasse rühren. Die Masse zusammendrücken und ruhen lassen.

4. Die Gans auslösen. Dazu am Rücken die Haut durchschneiden und mit kleinen Schnitten bzw. durch Schaben das Fleisch auf beiden Seiten bis zum Brustbein von den Knochen lösen. (Achtung: Die Haut beim Brustbein behutsam, am besten mit den Fingern lösen – sie sollte nicht zerschnitten werden.) Die Keulenknochen aus den Hüftgelenken schneiden und die Oberschenkelknochen auslösen; die Unterschenkelknochen bleiben im Fleisch.

5. Das Backrohr auf 220 Grad vorheizen. Die Gans am vorderen Ende und über den Rücken mit Küchengarn zunähen. Füllen und das noch offene Ende ebenfalls zunähen. Die Gans mit Butter einstreichen, mit Salz, Pfeffer, Kümmel und getrocknetem Majoran würzen.

6. Die Knochen zerkleinern, am besten mit einer Geflügelschere zerschneiden. In einen Bratentopf geben, die Gans mit der Brustseite nach oben daraufsetzen, ein wenig Wasser zugießen und 1/4 Stunde im Rohr anbraten. Die Hitze auf 190 Grad reduzieren und die Gans noch etwa 3 Stunden braten. Immer wieder mit dem Bratensaft übergießen. Etwa 10 Minuten vor Ende der Garzeit mit Honig bestreichen.

7. Die Gans aus dem Topf heben und warm stellen. Idealerweise sollte die Gans 1/2 bis 1 Stunde vor dem Servieren fertig sein und bei etwa 60 Grad ausgiebig ruhen können, z.B. im abgeschalteten Backrohr bei leicht geöffneter Backrohrtür.

8. Vom Bratensaft das Fett abschöpfen. Knochen und Saft mit ein wenig Mehl bestäuben, Balsamicoessig und Rotwein zugießen. Den Bratensaft auf die Hälfte einkochen und abseihen. Mit Salz und Pfeffer abschmecken.

9. Das Küchengarn entfernen, die Gans in Scheiben aufschneiden und mit der Sauce servieren.

K. und R. Obauer

So wird ein ungefülltes Gansl optimal gebraten und knusprig: Gans mit ein wenig Wasser untergießen und bei 220 Grad ca. 1/2 Stunde braten. Hitze auf 170 Grad reduzieren und die Gans weitere 2 bis 3 Stunden braten. Gans in Tücher oder Alufolie wickeln und im abgedrehten Rohr 1 bis 2 Stunden rasten lassen. Gans in Brust und Keulen trennen, diese Stücke nochmals bei 220 Grad ca. 1/4 Stunde braten. Als Beilagen passen Bauernkraut, Quittenmark oder Sanddornkonfitüre (siehe Seiten 162, 251, 250).

Gesottenes Beinfleisch mit Kürbis und Kurkuma

Zutaten für 6 Personen

2 kg gut abgelegenes Beinfleisch

4 Zwiebeln

2 Karotten

1/4 Sellerieknolle

1 Pastinake

ein wenig Bohnenkraut

4 Knoblauchzehen

1 Lorbeerblatt

5 Pfefferkörner

5 Korianderkörner

1 Suppenwürfel

1 Lauchstange

ein paar Liebstöckelblätter

6 mehlige Erdäpfel

1 EL Butter

800 g Kürbis (am besten Hokkaido-Kürbis)

1 Msp gemahlene Kurkumawurzel

etwas Maisstärke

2 bis 3 EL frische gehackte Kräuter der Saison

(z.B. Petersilie, Dill, Kerbel, Schnittlauch)

1 Spritzer Essig

Salz

Pfeffer

1. Das Fleisch in etwa 2 Liter siedendes Wasser legen. Das Wasser aufkochen, aufsteigenden Schaum und Trübstoffe abschöpfen.

2. 2 halbierte Zwiebeln, geschälte Karotten, geschälten Sellerie, Pastinake, ein wenig Bohnenkraut, 2 ungeschälte Knoblauchzehen, Lorbeerblatt, Pfefferkörner, Korianderkörner und Suppenwürfel zugeben und das Beinfleisch bei geringer Hitze 2 1/2 bis 3 Stunden sieden. Das Beinfleisch muß so weich sein, daß man die Knochen ohne großen Widerstand aus dem Fleisch ziehen kann.

3. 1/2 Stunde vor Ende der Garzeit den Lauch und ein paar Blätter Liebstöckel zu einem fe-sten Bündel binden und in die Suppe geben. (Wenn man den Lauch ungebunden einlegt oder zu lange mitkocht, wird die Suppe trüb.)

4. Die Erdäpfel schälen und in dicke Scheiben schneiden. Die restlichen Zwiebeln kleinschneiden und in Butter anschwitzen. 2 gepreßte Knoblauchzehen zugeben und mit 1/2 Liter Suppe aufgießen. Die Erdäpfelscheiben zu geben und in der Suppe fast weich kochen.

5. Den Kürbis schälen und in große Würfel schneiden. Das mit dem Beinfleisch gekochte Gemüse (ohne Lauch) klein schneiden und gemeinsam mit dem Kürbis und etwas Kurkuma zu den Erdäpfelscheiben geben.

6. Alles aufkochen und die Flüssigkeit mit ein wenig Maisstärke binden. Reichlich Kräuter der Saison einrühren, mit Salz und Pfeffer und etwas Essig abschmecken. Das Gemüse mit Beinfleisch servieren.

Gesottener Tafelspitz mit Kochsalat

Zutaten für 6 Personen

1 Tafelspitz von etwa 1,6 kg, mindestens eine Woche abgelegen

500 g Suppenknochen

2 Zwiebeln

2 Karotten

1/4 Sellerieknolle

1 Lorbeerblatt

5 Pfefferkörner

5 Korianderkörner

1 Suppenwürfel

1 Lauchstange

ein paar Liebstöckelblätter

1 Prise gemahlener Kreuzkümmel

Salz

Pfeffer

Für den Kochsalat:

3 Kochsalate (Bologneser oder Eisberg)

1/4 l Schlagobers

2 mehlige Erdäpfel

1 Prise geriebene Muskatnuß

1 Knoblauchzehe

Salz

Pfeffer

1. Die Knochen etwa 1/2 Stunde kalt wässern. In Wasser aufkochen und das Wasser abgießen.

2. Die Zwiebeln halbieren, Karotten und Sellerie schälen. Die Knochen mit Zwiebeln, Karotten und Sellerie in 2 Liter kaltem Wasser aufsetzen und zum Kochen bringen. Den Tafelspitz kalt abwaschen, zugeben und aufkochen. Aufsteigenden Schaum und Trübstoffe abschöpfen.

3. Lorbeerblatt, Pfefferkörner, Korianderkörner und Suppenwürfel zugeben und den Tafelspitz bei geringer Hitze 2 1/2 bis 3 Stunden sieden lassen. Der Tafelspitz muß so mürb werden, daß man ihn mit einem Finger leicht eindrücken kann.

4. 1/2 Stunde vor Ende der Garzeit den Lauch und ein paar Liebstöckelblätter zu einem festen Bündel binden und in die Suppe geben. (Wenn man den Lauch ungebunden einlegt oder zu lange mitkocht, wird die Suppe trüb.)

5. Den Tafelspitz aus der Suppe heben, in eiskaltes Salzwasser legen und mindestens 1/4 Stunde ruhen lassen (nach dem Ruhen läßt sich das Fleisch gut schneiden).

6. In der Zwischenzeit den Kochsalat zubereiten: Den Kochsalat in breite Streifen schneiden. Das Schlagobers erhitzen, einen kleinen mehligen Erdapfel reiben und zugeben, salzen und pfeffern. Mit geriebener Muskatnuß und einem Hauch Knoblauch abschmecken. Den Kochsalat einlegen, zudecken und im Obers kurz aufkochen.

7. Den Tafelspitz in Scheiben schneiden und in der Suppe erwärmen. Mit Beilagen anrichten, salzen, pfeffern und mit etwas Kreuzkümmel bestreuen.

Kotelett vom Rind mit Blauburgundersauce und Kohlsprossengratin

Zutaten für 4 Personen

2 kg bestens abgehangenes Rindskotelett
(2 Rippen), mindestens 3 Wochen gelagert
grob gestoßener schwarzer Pfeffer
1 bis 2 EL Pflanzenöl
2 bis 3 EL Butter
3 bis 4 Knoblauchzehen
150 g Bauchspeck
1 Rosmarinzweig
5 Schalotten
5 Champignons
0,7 l Blauburgunder
60 ml Balsamicoessig
3 EL Estragonessig
2 EL Kristallzucker
etwas Maisstärke
etwas scharfer Senf
Salz · Pfeffer
Für das Kohlsprossengratin:
250 g Kohlsprossen
1 mehliger Erdapfel
200 ml Milch
200 ml Schlagobers
50 g Bergkäse oder Gruyère
Butter für die Form
Salz

1. Das Backrohr auf 220 Grad vorheizen. Das Fleisch salzen und mit grob gestoßenem Pfeffer würzen. In einem Bratentopf Pflanzenöl und Butter erhitzen. Das Fleisch von allen Seiten anbraten.

2. Die geschälten Knoblauchzehen und ein schönes Stück Bauchspeck sowie Rosmarin zugeben, den Topf in das vorgeheizte Rohr schieben und das Fleisch etwa 45 Minuten braten. Immer wieder mit dem Bratensaft übergießen. Die Temperatur auf 90 Grad reduzieren und das Fleisch noch 20 bis 45 Minuten durchziehen lassen.

3. Für das Gratin die Kohlsprossen kurz in Salzwasser kochen, eiskalt abschrecken und halbieren. Eine feuerfeste Form mit Butter ausstreichen und die Kohlsprossen hineingeben.

4. Die Erdäpfel schälen und auf die Kohlsprossen reiben. So viel Milch und Schlagobers zu gleichen Teilen zugießen, daß die Sprossen gerade noch herausschauen. Mit geriebenem Käse bestreuen. Die Kohlsprossen ins Rohr schieben und bei 250 Grad Oberhitze etwa 10 Minuten überbacken.

5. Für die Sauce die Schalotten schälen. Schalotten und Champignons blättrig schneiden, mit Blauburgunder, Balsamicoessig, Estragonessig und Kristallzucker so lange offen einkochen, bis die Flüssigkeit auf weniger als ein 1/8 Liter reduziert ist. Die Sauce mit ganz wenig Maisstärke binden.

6. Das Fleisch aus dem Topf heben und die Sauce zum Bratensatz gießen. Ein wenig Butter und scharfen Senf einrühren, so daß die Sauce sämige Konsistenz bekommt.

7. Das Kotelett tranchieren und mit Sauce und Gratin anrichten. Dazu scharfen Senf servieren.

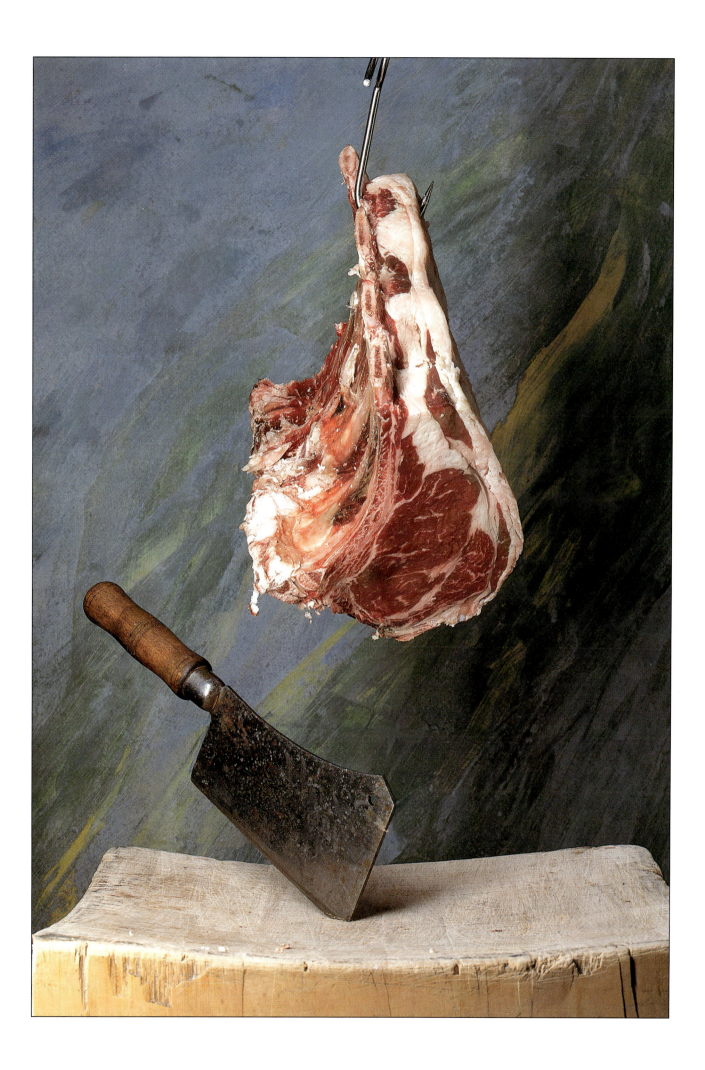

Rindsgulasch mit Semmelknödeln

Zutaten für 8 Personen

2,4 kg Rinderwade (Wadschinken)	Für die Knödel:
800 g Zwiebeln	450 g Semmelwürfel oder Knödelbrot
4 EL Schweineschmalz	1 Zwiebel
1 EL Kristallzucker	1 EL Butter
60 ml Essig	1 Prise geriebene Muskatnuß
10 EL Paprikapulver (edelsüß)	1/2 bis 1 EL gehackte Petersilie
1 Suppenwürfel	evtl. etwas frischer gehackter Kerbel
2 Lorbeerblätter	1 EL Mehl
3 EL getrockneter Majoran	2 Eier
1 Prise Thymian	180 ml Milch
1/2 EL gemahlener Kümmel	Salz
5 Knoblauchzehen	Pfeffer
evtl. etwas Maisstärke	
8 El Sauerrahm · Salz	

1. Das Fleisch in Würfel schneiden, die Zwiebeln schälen und blättrig schneiden. Die Zwiebeln in Schmalz mit Kristallzucker goldgelb braten. Mit Essig ablöschen und mit 1 1/2 Liter Wasser aufgießen. Das Paprikapulver mit dem Schneebesen gut einrühren.

2. Das Fleisch einlegen, salzen, Suppenwürfel, Lorbeerblätter, Majoran, Thymian, Kümmel und den geschälten und gepreßten Knoblauch zugeben. Auf geringer Hitze zugedeckt etwa 1 3/4 Stunden köcheln lassen.

3. Falls der Bratensaft zu dünnflüssig erscheint, kann man ihn durch ein wenig in Wasser angerührter Maisstärke binden.

4. Für die Semmelknödel die Zwiebel schälen, kleinschneiden und in Butter anschwitzen. Die Semmelwürfel in eine Schüssel geben, mit Salz, Pfeffer, Muskatnuß, Petersilie und eventuell Kerbel, Mehl, der angeschwitzten Zwiebel, den Eiern sowie der erwärmten Milch verrühren. Die Masse zusammenpressen und etwa 20 Minuten ruhen lassen.

5. Mit befeuchteten Händen Knödel formen, in heißes Salzwasser oder heiße Suppe legen und zugedeckt etwa 10 Minuten gar ziehen lassen.

6. Gulasch mit den Knödeln anrichten. Auf jede Portion einen Löffel Sauerrahm geben.

K. und R. Obauer

Das richtige Geschirr für das Gulasch-Kochen ist ein schwerer Schmortopf. Er gibt die Hitze langsam und gleichmäßig weiter. Einmal aufgewärmt schmeckt's übrigens noch besser! Gulasch daher am besten am Vortag des Genusses zubereiten. Als Beilage eignen sich statt der Knödel auch Polenta (siehe Foto).

Rindsrouladen

Zutaten für 4 Personen

200 g Eierschwammerln

ein paar frische Kräuter der Saison (z.B. Petersilie, Kerbel)

3 Schalotten

2 bis 3 Butter

4 Schnitzel vom Beiried, insgesamt etwa 600 g

etwas scharfer Senf

einige Bärlauchblätter

4 Scheiben Preßschinken, insgesamt etwa 100 g

1 EL Schweineschmalz

1 Karotte

1/2 Zwiebel

1 kleine Lauchstange

1/8 l Schlagobers

1 EL Estragonsenf

1/2 EL gehackte Kapern

1/2 bis 1 TL getrockneter Majoran

60 ml Rindsuppe

1 EL Weißweinessig

Salz

Pfeffer

1. Die Eierschwammerln putzen, die Schalotten schälen. Schwammerln, ein paar Kräuter und die Schalotten kleinschneiden. In 1 bis 2 EL Butter schwenken und so lange dünsten, bis der austretende Saft verdampft ist. Abkühlen lassen.

2. Das Fleisch klopfen, auf einer Seite mit scharfem Senf bestreichen, zuerst mit kleingehacktem Bärlauch, dann mit Eierschwammerln und je einer Schinkenscheibe belegen. Zu Rouladen rollen und das Fleisch außen salzen und pfeffern. Die Rouladen mit Küchengarn zusammenbinden.

3. In einer Pfanne 1 EL Butter und 1 EL Schmalz erhitzen und die Rouladen von allen Seiten anbraten.

4. Karotte, Zwiebel und Lauch putzen bzw. schälen und kleinschneiden. Die Rouladen aus der Pfanne heben, das Gemüse hineingeben und anbraten. Schlagobers, Estragonsenf, Kapern, Majoran und die Suppe zugeben. Die Rouladen einlegen und halb zugedeckt etwa 15 Minuten dünsten.

5. Die Rouladen aus dem Bratensaft heben. Den Weinessig zum Bratensaft geben, den Saft mixen und durch ein Sieb gießen.

6. Die Rouladen mit Bratensaft und Nudeln servieren, die Nudeln eventuell mit Koriander würzen. Nach Belieben vor dem Servieren mit Kräutermischung (siehe Seite 239) bestreuen.

Kavalierspitz in Blauburgundersauce

Zutaten für 8 Personen

1 Kavalierspitz (dünne Schulter; etwa 1,8 kg und 1 Woche abgelegen)

etwa 1 EL scharfer Senf

2 bis 3 EL Schweineschmalz

2 Karotten

1/4 Sellerieknolle

2 Zwiebeln

1 Knoblauchknolle

1 l Blauburgunder

1 Lorbeerblatt

1 EL schwarze Pfefferkörner

1/2 TL gemahlener Kümmel

100 g Austernpilze

evtl. etwas kleingehacktes Bohnenkraut und Thymian

1/8 l Balsamicoessig

1 EL Kristallzucker

evtl. etwas Maisstärke

Butter zum Binden der Sauce

Salz

Pfeffer

1. Das Fleisch mit Senf bestreichen, salzen und pfeffern. In einem Schmortopf das Schmalz erhitzen. Das Fleisch einlegen und rundum anbraten. Das Fleisch herausnehmen.

2. Karotten und Sellerie schälen und in Würfel schneiden, die Zwiebeln schälen und halbieren, die Knoblauchknolle ungeschält halbieren. Das Gemüse in den Schmortopf geben und im Schmalz anbraten. Das Fleisch zufügen und so viel Blauburgunder zugießen, daß das Fleisch bedeckt ist. Lorbeerblatt, Pfefferkörner, Kümmel, Austernpilze, eventuell auch Bohnenkraut und Thymian zugeben. Das Fleisch etwa 3 Stunden sieden.

3. Das Fleisch aus dem Sud heben und warm stellen. Die Bratflüssigkeit durch ein Sieb gießen und so lange kochen, bis sie auf etwa 1/2 Liter reduziert ist.

4. Den Balsamicoessig mit Zucker kräftig einkochen und zum Bratfond geben. So viel kalte Butter einmixen, daß eine leicht sämige Sauce entsteht. Man kann den Fond zusätzlich auch mit in Wein aufgelöster Maisstärke binden. Mit Salz und Pfeffer abschmecken.

5. Das Fleisch in Scheiben schneiden und mit der Sauce servieren. Als Beilagen passen in Olivenöl gebratene Steinpilze oder Austernpilze (kleine Pilze nehmen bzw. große Pilze vierteln) sowie Erdäpfelpüree mit in Butter gebratenen Zwiebelringen.

K. und R. Obauer

Auf diese Weise lassen sich auch Rinderbackerln vorzüglich zubereiten.

Kalbskopf mit süß-saurer Sauce

Zutaten für 6 bis 8 Personen

1 kleiner Kalbskopf, vom Fleischhauer halbieren lassen
1 Karotte
1/2 Sellerieknolle
2 Zwiebeln
5 Pfefferkörner
2 Pimentkörner
1 Nelke
1 Lorbeerblatt
3 Schalotten
3 EL frische gehackte Kräuter (z.B. Liebstöckel, Petersilie, Kerbel, Sauerampfer)
1 EL Kapern
1 EL scharfer Senf
3 Eiklar
2 Eier, etwas Mehl und Semmelbröseln zum Panieren
1 EL Butter
2 EL Öl
Salz · Pfeffer

Für die Sauce:
2 EL gehackter Rucola oder Petersilie
6 EL Olivenöl oder Kürbiskernöl
3 EL Balsamicoessig
Saft von 1 Zitrone
2 EL Sojasauce
1 Prise Zucker
Salz · Pfeffer

1. Den Kalbskopf einen Tag in kaltem Wasser wässern.

2. Karotte, Sellerie und Zwiebel putzen bzw. schälen. Den Kalbskopf mit Gemüse, Salz, Pfefferkörnern, Pimentkörnern, Nelke und Lorbeerblatt in einen großen Topf geben, mit Wasser auffüllen, bis der Kalbskopf bedeckt ist und 2 bis 3 Stunden sieden. Der Kalbskopf ist fertig, wenn sich das Fleisch an der Backe leicht durchdrücken läßt. Den Kalbskopf auskühlen lassen, das Fleisch vom Knochen lösen.

3. Das Backrohr auf 170 Grad vorheizen. Die Schalotten schälen und hacken. Die hellen Fleischstücke mit Schalotten, Kräutern, Kapern, Senf, Salz, Pfeffer und dem mit einer Gabel kurz durchgeschlagenen Eiklar gut vermischen. In eine Terrinenform füllen und im vorgeheizten Ofen 1/2 Stunde im Wasserbad garen. Nach dem Erkalten aus der Terrine klopfen.

4. Den Kalbskopf in Scheiben schneiden und jede Scheibe auf einer Seite wie Schnitzel panieren. Dafür die Eier verquirlen. Die Scheiben mit Mehl bestäuben, in die verquirlten Eier und anschließend in Semmelbrösel tunken. In einer Pfanne Butter und Öl erhitzen. Den Kalbskopf auf der panierten Seite bei zugedeckter Pfanne oder im Rohr etwa 5 Minuten braten.

5. Für die Sauce Rucola oder Petersilie waschen und kleinschneiden. Mit den übrigen Zutaten verrühren.

6. Den Kalbskopf mit Sauce und jungen Erdäpfeln oder Bärlauch-Erdäpfelsalat servieren.

Rahm-Kalbsvögerl mit Spargel, Kresse und jungen Erdäpfeln

Zutaten für 4 Personen

- 1 kg Kalbsvögerl
- gestoßener weißer Pfeffer
- 1 Prise geriebene Muskatnuß
- 1 bis 2 EL Erdnußöl
- 4 Schalotten
- 1/4 l Weißwein
- evtl. 1 Msp Safran oder 1/2 TL gemahlene Kurkumawurzel
- 1 Lorbeerblatt
- 20 kleine, junge Erdäpfel, insgesamt etwa 300 g
- 1 TL Kümmel
- 8 Stangen Spargel, etwa 350 g
- 1/4 l Schlagobers
- Butter zum Binden der Sauce
- etwas Bachkresse zum Garnieren
- Salz
- Pfeffer

1. Das Fleisch in Würfel schneiden, salzen und mit gestoßenem Pfeffer und Muskatnuß würzen. Mit Öl beträufeln.

2. Die Schalotten schälen und grob schneiden. Das Fleisch zusammen mit den Schalotten in einen Schmortopf geben und anschwitzen. Wein und 1/4 Liter Wasser zugießen. Muskatnuß, Safran oder Kurkuma und das Lorbeerblatt zugeben. Die Kalbsvögerl zugedeckt etwa 1 1/2 Stunden schmoren, bis das Fleisch fast weich ist.

3. Die Erdäpfel über Kümmelwasser dämpfen und schälen.

4. Den Spargel schälen, die holzigen Enden wegschneiden. Den Spargel in etwa 5 cm lange Stücke schneiden und etwa 10 Minuten vor Ende der Garzeit der Kalbsvögerl in den Topf geben. Schlagobers zugießen.

5. Fleisch und Spargel aus dem Topf heben. Den Bratensaft durch ein Sieb gießen. So viel Butter untermixen, daß eine sämige Sauce entsteht. Die Sauce mit Salz und Pfeffer abschmecken.

6. Erdäpfel, Spargel und Kalbsvögerln in eine Schüssel geben, mit der Sauce begießen und mit Kresse bestreut zu Tisch bringen.

Wiener Schnitzel mit Petersilerdäpfeln und Salat

Zutaten für 4 Personen

4 Schnitzel vom zugeputzten Kalbsrücken (Schmetterlingsschnitt, etwa 1 cm dick und 150 g schwer)

Mehl

2 Eier

Weißbrotbrösel

2 bis 3 EL Pflanzenöl

1 EL Schweineschmalz

Salz

Pfeffer

Für die Petersilerdäpfel:

300 g Kipfler (längliche, speckige Erdäpfel)

1 EL Butter

1 bis 2 EL gehackte Petersilie

Salz

Für den Salat:

Blattsalate

60 ml Apfelessig

60 ml Weißwein

1 EL Sojasauce

1 Spritzer Worcestersauce

1/2 EL Kristallzucker

60 ml Sonnenblumen- oder Olivenöl

1 bis 2 EL frische gehackte Kräuter (z.B. Melisse, Basilikum, Kerbel, Rucola, Petersilie)

evtl. ein wenig grobgeriebener Parmesan

Salz

1. Die Erdäpfel dämpfen und schälen.

2. Die Schnitzel leicht plattieren, salzen und pfeffern. Nacheinander durch Mehl, verquirlte Eier und Weißbrotbrösel ziehen. Die Brösel mäßig andrücken, lose Brösel abschütteln.

3. Die Schnitzel in Pflanzenfett mit Schmalz schwimmend goldbraun backen. Wichtig: Das Fett muß gerade so heiß sein, daß es nach dem Einlegen eines Schnitzels leicht blubbert und brutzelt. Zu heißes Fett verhindert das Aufgehen der Panier.

4. Sobald die Schnitzel auf der Unterseite Farbe angenommen haben, umdrehen und fertig backen (insgesamt etwa 7 Minuten). Die Schnitzel aus dem Fett heben und auf Küchenkrepp abtropfen lassen.

5. Das Backfett der Schnitzel bis auf einen kleinen Rest aus der Pfanne gießen, die Butter zugeben und erhitzen. Die Erdäpfel darin braun braten. Die Petersilie zugeben und die Erdäpfel schwenken und salzen.

6. Für den Salat eine Marinade aus Essig, Weißwein, Sojasauce, Worcestersauce, Salz, Zucker und Öl rühren.

7. Den Blattsalat waschen und zerkleinern. Salzen und mit den Kräutern und der Marinade vermischen. Eventuell mit ein wenig Parmesan bestreuen.

8. Die Schnitzel mit Erdäpfeln, Salat und eventuell Preiselbeeren servieren.

K. und R. Obauer

Das feinste Fleisch für Wiener Schnitzel ist der Kalbsrücken. Wunderbare Schnitzel erhält man aber auch vom „Kaiserteil" oder Fricandeau.

Zwiebelrostbraten

Zutaten für 4 Personen

4 Zwiebeln

etwas Mehl

Pflanzenöl zum Braten

4 Scheiben vom Beiried, mit Fettrand,

etwa 1 1/2 cm dick und mindestens

zwei Wochen abgehangen

etwas Senf

1 EL Schweineschmalz

1 Schuß Rindsuppe oder Rotwein

evtl. 1 Spritzer Balsamicoessig

1 bis 2 EL kalte Butter

Salz · Pfeffer

1. Die Zwiebeln schälen, in messerrückendicke Scheiben schneiden, salzen und in Mehl wenden. In einer Pfanne in heißem Pflanzenfett goldgelb backen. Die Zwiebeln aus dem Fett heben und auf Küchenkrepp abtropfen lassen. Achtung: Die Zwiebeln bräunen noch nach, also nicht zu spät aus dem Fett heben!

2. Das Fleisch mäßig klopfen, den Fettrand einschneiden. Das Fleisch salzen und pfeffern. Auf einer Seite mit Senf bestreichen und mit dieser Seite durch Mehl ziehen.

3. In einer Pfanne das Schmalz und ebensoviel Pflanzenöl erhitzen. Das Fleisch mit der bemehlten Seite nach unten anbraten, wenden und zugedeckt etwa 7 Minuten braten.

4. Das Fleisch aus der Pfanne heben und warm stellen. Den Bratensaft leicht mit Mehl bestäuben, mit einem Schuß Suppe oder Rotwein aufgießen und die kalte Butter einrühren. Den Bratensaft durch ein Sieb streichen, mit Salz, Pfeffer und eventuell einem Spritzer Balsamicoessig abschmecken.

5. Den Rostbraten mit Zwiebeln und Sauce servieren. Als Beilage passen Bratkartoffeln.

Reisfleisch

Zutaten für 4 Personen

700 g Schweinsnuß oder Schopfbraten
2 Zwiebeln
3 EL Schweineschmalz
3 Tassen Rindsuppe
1 Lorbeerblatt
3 EL Paprikapulver (edelsüß)
3 Knoblauchzehen
1 Prise Cayennepfeffer
1 Prise gemahlener Kümmel
1 1/2 Tassen Langkornreis
evtl. ein Stück Schinkenschwarte und ein Stück Parmesanrinde
2 rote Paprikaschoten
2 Essiggurken
evtl. 2 Pfefferoni
50 g geriebener Parmesan
1 EL frische gehackte Kräuter (z.B. Kerbel, Bärlauch, Schnittlauch, Majoran, 1 Salbeiblatt)
Salz
Pfeffer

1. Das Fleisch blättrig schneiden. Die Zwiebeln schälen und kleinschneiden.

2. Zwiebeln und Fleisch in Schmalz anbraten und mit der Suppe aufgießen. Lorbeerblatt, Paprikapulver, geschälten und gepreßten Knoblauch, Cayennepfeffer, Kümmel und Reis einrühren. Eventuell auch ein Stück Schinkenschwarte und Parmesanrinde zugeben. Etwa 1/2 Stunde bei minimaler Hitze köcheln.

3. Die Paprikaschoten waschen, halbieren, Stielansätze und Kerne entfernen. Die Schoten in kleine Würfel schneiden, Essiggurken und eventuell die Pfefferoni klein schneiden. Kurz bevor der Reis gar ist, Paprikawürfel, Essiggurken und Pfefferoni unterheben.

4. Schinkenschwarte und Parmesanrinde entfernen. Das Reisfleisch mit Salz abschmecken und mit Parmesan und Kräutern bestreuen. Als Beilage paßt Salat.

K. und R. Obauer

Das Reisfleisch schmeckt auch sehr gut, wenn man es mit klein gehackten Kapern bestreut oder vor dem Servieren ein wenig Olivenöl zugießt.

Gefüllte Paprika

Zutaten für 4 Personen

8 grüne, mittelgroße Paprikaschoten	30 Cocktailtomaten oder 6 Fleischtomaten
3 Schalotten	1 Bund Basilikum
4 EL Butter	1 Zweig Minze
1/2 Tasse Langkornreis	1 EL Tomatenmark
1 kleine Zwiebel	Salz · Pfeffer
350 g faschierte Schweinsschulter oder Schweinsschopf	
1/4 l Sauerrahm	
1 Msp Cayennepfeffer	
1 Knoblauchzehe	
1 EL Senf	
1/8 l Milch	
1 EL frische gehackte Kräuter (z.B. Sauerampfer oder Petersilie)	

1. Von den Paprikaschoten die Kappen abschneiden, die Schoten entkernen.

2. Die Schalotten schälen und kleinschneiden. In 2 EL Butter anschwitzen, den Langkornreis zugeben und glasig dünsten. Mit einer knappen Tasse Wasser aufgießen, salzen und den Reis dünsten.

3. Die Zwiebel schälen, kleinschneiden und in 1 EL Butter anschwitzen.

4. Das Fleisch mit 2 EL Sauerrahm, Reis, Zwiebel, Salz, Pfeffer, Cayennepfeffer, der gepreßten Knoblauchzehe, Senf, etwas Milch und den Kräutern zu einer weichen Masse rühren. Die Masse in die Paprika füllen. Das Backrohr auf 190 Grad vorheizen.

5. Von den Tomaten die Stielansätze entfernen. Mit Basilikum, Minze, der restlichen Butter, Tomatenmark und dem restlichen Sauerrahm in einen ausreichend hohen Topf geben (nach Einlegen der Paprika muß man den Topf noch zudecken können). Salzen und die Paprikaschoten nicht zu eng aneinanderliegend in den Topf geben. Ins Rohr schieben und 1 1/2 Stunden zugedeckt dünsten.

6. Die Paprikaschoten aus dem Topf heben. Die Sauce mit dem Stabmixer kurz pürieren, eventuell durch ein Sieb passieren. Mit Salz und Pfeffer abschmecken. Die Paprikaschoten mit der Sauce servieren.

Szegediner-Gulyas

Zutaten für 8 Personen

1,2 kg Schweinsbrust, Schopfbraten oder Schulter
3 Zwiebeln
3 EL Schweineschmalz
1/2 EL Kristallzucker
5 Knoblauchzehen
3 EL Essig
7 EL Paprikapulver (edelsüß)
1 Chilischote
1 Lorbeerblatt
3 Wacholderbeeren
1 TL Kümmel
5 Pfefferkörner
evtl. ein paar Liebstöckelstengel
700 g speckige Erdäpfel
350 g Sauerkraut
8 EL Sauerrahm
evtl. etwas frischer gehackter Majoran oder Bärlauch
Salz

1. Das Fleisch in 2 cm dicke Stücke schneiden. Die Zwiebeln schälen und blättrig schneiden, in Schmalz und Zucker anschwitzen.

2. Die Knoblauchzehen schälen, pressen und einrühren, mit Essig ablöschen und mit 1 1/2 Liter Wasser oder Suppe aufgießen. Salzen, Paprikapulver, gehackte Chilischote, Lorbeerblatt, Wacholderbeeren, Kümmel, Pfefferkörner, eventuell etwas Liebstöckel und das Fleisch einrühren. Etwa 1/2 Stunde zugedeckt köcheln lassen.

3. Die Erdäpfel schälen und in walnußgroße Stücke schneiden. Erdäpfel und Sauerkraut mit dem Fleisch verrühren und zugedeckt noch etwa 45 Minuten dünsten.

4. Das Gulyas auf Teller schöpfen und auf jede Portion einen kräftigen Löffel Sauerrahm geben. Eventuell mit Majoran oder Bärlauch bestreuen.

Rehrücken mit Selleriepüree und Wermutsauce

Zutaten für 4 Personen

1 Rehrücken, etwa 2 kg	evtl. 50 g Trebern
1/4 Sellerieknolle	1 Prise Gebirgswermut
1 Karotte	1 kräftiger Schuß Kräuterlikör (z.B. Chartreuse
1 kg Rehknochen, vom Fleischhauer in kleine	oder Bénédictine)
Stücke schneiden lassen	10 g Bitterschokolade
2 EL Butter	1 EL feingeschnittener Ingwer
50 g Bauchspeck	3 Wacholderbeeren
evtl. ein Stück Schinkenschwarte	1/2 TL Kümmel
2 EL Zucker	Öl zum Braten
1/2 Knoblauchknolle	evtl. etwas Maisstärke
1 l Blauburgunder	Salz · Pfeffer
50 g Heidelbeeren	Für das Selleriepüree:
50 g Preiselbeeren	1 Sellerieknolle

| 1 mehliger Erdapfel |
| 1/8 l Milch |
| 1/8 l Schlagobers |
| Salz |
| Pfeffer |

1. Die Filets vom Rehrücken auslösen. Sellerie und Karotte putzen und in Stücke schneiden. Knochen und Gemüse in Butter anschwitzen, Bauchspeck, eventuell ein Stück Schinkenschwarte, Zucker sowie die ungeschälte Knoblauchknolle zugeben und ebenfalls anschwitzen.

2. Wein, Heidelbeeren, Preiselbeeren, Trebern, Wermut, Kräuterlikör, ein Stückchen Bitterschokolade, Ingwer, Wacholderbeeren und Kümmel zugeben. Ohne Deckel etwa 3 Stunden köcheln lassen. Die verdampfende Flüssigkeit immer wieder durch Wasser ergänzen.

3. Den Fond durch ein Sieb gießen und so lange kochen, bis die Flüssigkeit auf etwa 1/4 Liter reduziert ist. Ein wenig Butter einrühren und die Sauce eventuell mit Maisstärke binden.

4. Jedes Rehfilet in vier Stücke schneiden, salzen und pfeffern. In einer Mischung aus Öl und Butter insgesamt etwa 8 Minuten beidseitig braten.

5. Das Fleisch aus der Pfanne heben, das Fett abgießen. Die Sauce in die Pfanne zurückgeben und das Fleisch in der Sauce noch ein paar Minuten ziehen lassen.

6. Für das Selleriepüree Sellerie und Erdäpfel schälen und kleinschneiden. Mit so viel Milch und Schlagobers zu gleichen Teilen aufsetzen, daß das Gemüse gerade bedeckt ist. Mäßig salzen und pfeffern und den Sellerie ganz weich kochen.

7. Einen Teil der Flüssigkeit abgießen und das Gemüse mit dem Stabmixer pürieren. So viel von der Kochflüssigkeit wieder zugießen, daß das Püree eine sämige Konsistenz annimmt. Mit Salz und Pfeffer abschmecken.

8. Den Rehrücken auf Selleriepüree servieren, evtl. Sanddorn (siehe Seite 250) dazugeben.

K. und R. Obauer

So erhält man mit wenigen Zutaten eine passende Sauce für Wildgerichte: 1/2 l guten Rotwein mit ein paar zerstoßenen Pfefferkörnern, 2 EL Zucker und ca. 10 kleingeschnittenen Schalotten kräftig einkochen (dauert ca. 1/2 Stunde). Eventuell mit ganz wenig Kartoffel- oder Maisstärke binden.

Hirschragout

Zutaten für 8 Personen

- 2 1/2 kg Hirschschlegel
- 4 EL Schweineschmalz
- 2 Karotten
- 3 Zwiebeln
- 1/4 Sellerieknolle
- 30 g Ingwer
- 1 Tasse Preiselbeeren
- 1 Tasse Heidelbeeren
- 5 EL Kristallzucker
- 150 g Hamburgerspeck
- 1 Tasse Rotweintrebern
- 2 l kräftiger Rotwein
- 10 g Bitterschokolade
- 3 Wacholderbeeren
- 10 Korianderkörner
- 1/2 EL Kümmel
- 4 Knoblauchzehen
- 1 Schuß Kräuterlikör (Bénédictine oder Chartreuse)
- 1 Prise getrockneter Gebirgswermut
- Butter zum Binden der Sauce
- evtl. etwas Maisstärke
- Salz
- Pfeffer

1. Das Fleisch in 4 cm große Würfel schneiden. Das Schmalz in einem großen Schmortopf erhitzen, das Fleisch darin anbraten, salzen, pfeffern und zugedeckt dünsten, bis der aus dem Fleisch tretende Saft verdunstet ist.

2. Die Karotten schälen und in Würfel schneiden, die Zwiebeln schälen und in Spalten schneiden. Den Sellerie putzen und in Würfel, den Ingwer blättrig schneiden (die Schale kann dran bleiben).

3. Gemüse, Preiselbeeren, Heidelbeeren, eventuell Rotweintrebern, Zucker und den Speck im Ganzen zum Fleisch geben. Den Wein zugießen. Ein Stückchen Bitterschokolade, Wacholderbeeren, Korianderkörner, Kümmel oder Kreuzkümmel, die geschälten und gepreßten Knoblauchzehen, Kräuterlikör und eventuell Gebirgswermut einrühren. Das Ragout zugedeckt etwa 2 Stunden köcheln lassen.

4. Das Fleisch aus dem Ragout heben. Die Sauce durch ein Sieb gießen, erhitzen und zur Bindung ein paar Eßlöffel Butter und, wenn nötig, ein wenig in Wein aufgelöste Maisstärke einrühren. Die Sauce mit Salz und Pfeffer abschmecken, das Fleisch in die Sauce geben.

5. Das Hirschragout am besten mit Selleriepüree (siehe Seite 150) und Bauernkraut (siehe Seite 162) oder mit Obers-Polenta servieren (dafür die Polenta in einer Mischung aus halb Milch und halb Schlagobers kochen).

Gratinierte Kutteln mit Steinpilzen und Mais

Zutaten für 8 Personen

2,5 kg Kutteln, vom Fleischhauer geputzt
1 Lorbeerblatt
6 Zwiebeln
6 Knoblauchzehen
5 Pfefferkörner
2 EL Butter
2 EL Schweineschmalz
1 EL Zucker
1 Schuß Essig
1/8 l Schlagobers
1/2 l Weißwein
1 Prise gemahlener Koriander
1 bis 2 EL frische gehackte Kräuter (Liebstöckel, Estragon, Thymian)
1 Prise gemahlener Kümmel
1 Prise Cayennepfeffer
1 Spritzer Sojasauce
150 g Mais
250 g Steinpilze
1 bis 2 EL Olivenöl
etwas geriebener Parmesan zum Bestreuen
Salz

1. Die geputzten Kuttelflecke etwa 1 Woche in kaltem Wasser wässern, das Wasser zwischendurch immer wieder wechseln.

2. Die Kutteln in frischem, kalten Wasser aufsetzen, zum Kochen bringen und abgießen. Die Kutteln nochmals mit kaltem Wasser aufsetzen und etwa 5 Stunden mit Lorbeerblatt, 1 geschälten Zwiebel, 1 geschälten Knoblauchzehe, Pfefferkörnern und Salz zugedeckt kochen. Die Kutteln zum Auskühlen in kaltes Wasser legen. 3/4 Liter vom Kochwasser abmessen und beiseite stellen.

3. Die restlichen Zwiebeln schälen und blättrig schneiden. In einer Mischung aus Butter und Schmalz mit 5 geschälten und zerdrückten Knoblauchzehen goldgelb anschwitzen. Zucker, Essig, das Kochwasser von den Kutteln, Schlagobers und Weißwein zugießen. Alles 1/2 Stunde köcheln lassen.

4. Koriander, Liebstöckel, Estragon, Thymian, Kümmel und Cayennepfeffer sowie ein wenig Sojasauce einrühren.

5. Die Kutteln nudelig schneiden, in die Sauce rühren und 1/4 Stunde köcheln lassen.

6. Den Mais kurz in Salzwasser kochen.

7. Die Steinpilze dickblättrig schneiden, in Olivenöl braten und salzen.

8. Die Kutteln mit Mais und Pilzen in einen ofenfesten Topf geben, mit Parmesan bestreuen und bei 200 Grad im Backrohr kurz überbacken.

K. und R. Obauer

Dazu passen mit Pesto und gehackten Oliven bestrichene, gratinierte Bauernbrote oder Polenta.

Lammkeule mit Bohnen

Zutaten für 6 Personen

150 g Käferbohnen

evtl. 1 Stück Schinkenschwarte

1 gut abgehangene Lammkeule mit

1,8 bis 2 kg (ohne Stelze)

7 EL Olivenöl

5 EL gehackte Oliven

1 EL gehackter Rosmarin

einige gehackte Salbeiblätter

12 Knoblauchzehen

etwas Ysop

1/4 l trockener Weißwein

6 Fleischtomaten oder 250 g Cocktailtomaten

Salz · Pfeffer

1. Die Bohnen einen Tag in Wasser einweichen.

2. Die Bohnen mit dem Einweichwasser aufsetzen, falls verfügbar ein Stück Schinkenschwarte zugeben. Die Bohnen etwa 1 Stunde kochen, bis sie fast weich sind. Die Bohnen abseihen.

3. Von der Lammkeule den großen Knochen auslösen. Aus 5 EL Olivenöl, den gehackten Oliven, gehacktem Rosmarin, geschnittenem Salbei, drei geschälten und gepreßten Knoblauchzehen und etwas Ysop im Mörser eine Paste reiben. Die Innenseite der Keule mit dieser Paste bestreichen.

4. Das Backrohr auf 220 Grad vorheizen. Die Keule mit Küchengarn zubinden, außen mit Salz, Pfeffer, drei geschälten und gepreßten Knoblauchzehen und Olivenöl einreiben.

5. Die Lammkeule mit 6 ungeschälten Knoblauchzehen in einen Schmortopf legen und im Rohr anbraten. Nach 1/2 Stunde die Hitze auf 190 Grad reduzieren, Wein zugießen. Die Keule immer wieder mit dem Bratensaft begießen.

6. Die Tomaten waschen, Stielansätze entfernen und die Tomaten vierteln. Nach 45 Minuten Garzeit die Bohnen und Tomaten zum Fleisch geben. Alles noch 1/4 Stunde schmoren. Den Herd ausschalten und die Keule noch eine halbe Stunde durchziehen lassen.

7. Das Fleisch aus dem Topf heben und in dünne Scheiben schneiden. Auf Tellen anrichten, mit Olivenöl beträufeln, eventuell auch mit Kräutermischung bestreuen (siehe Seite 239). Mit dem Tomaten-Bohnen-Ragout servieren.

Gebackenes Ziegenkitz

Zutaten für 4 Personen

700 g ausgelöstes, gut abgelegenes Kitzfleisch

je 1 tiefen Teller Milch, Mehl und Weißbrotbrösel

2 Eier

Butterschmalz zum Braten

5 EL Sauerrahm · 1 EL Senf

1 unbehandelte Limette

5 EL geschnittene Kresse

1 Bund Petersilie oder Löwenzahn

Salz · Pfeffer

1. Das Fleisch in kleine Schnitzel schneiden, leicht klopfen, salzen und pfeffern. Zum Panieren durch Milch, Mehl, verquirlte Eier und Weißbrotbrösel ziehen.

2. Die Schnitzel in Butterschmalz schwimmend goldbraun backen.

3. Aus Sauerrahm, Senf, geriebener Limettenschale und Kresse eine Sauce rühren.

4. Das Kitz mit Sauce sowie in Butterschmalz gebackener Petersilie oder Löwenzahn anrichten. Mit Limetten- oder Zitronensaft beträufeln.

Bauernhendl mit Ingwer und Soja im Reisteig

Zutaten für 4 Personen

4 Hühnerbrustfilets (ausgelöste Brüste von 2 Hühnern, enthäutet)

1 Knoblauchzehe

5 Korianderkörner

1 unbehandelte Zitrone

2 EL frisch geschnittener Liebstöckel, Kerbel und Minze · evtl. etwas Bärlauch

1 TL Zucker Rohzucker

1 TL Ingwer

1 EL Erdnußöl

1 EL Sojasauce

8 Blätter Reisteig (Durchmesser 25 cm, aus Geschäften mit asiatischen Lebensmitteln)

1 EL Reismehl

reichlich Pflanzenöl zum Ausbacken

4 Jungzwiebeln

1 Karotte

100 g Fisolen

50 g Sojasprossen

2 EL Erdnußöl

Salz · Pfeffer

Für die Sauce:

2 Karotten

2 Knoblauchzehen

4 Schalotten

50 g Ingwer

3 EL Rohzucker

1/2 l Hühnerfond

1 Rosmarinzweig

5 Korianderkörner

etwas Liebstöckel

4 EL Sojasauce

etwas Reismehl zum Binden

1. Zuerst die Sauce zubereiten: Karotten, Knoblauch und Schalotten schälen und blättrig schneiden. Den Ingwer blättrig schneiden. Alles mit Zucker, Hühnerfond, Rosmarin, Korianderkörnern, Liebstöckel und Sojasauce auf die Hälfte einkochen. Den Fond abseihen und mit ein wenig in Wasser angerührtem Reismehl mäßig binden.

2. Die Hühnerbrüste der Länge nach durchschneiden. Das Hühnerfleisch mit zerdrücktem Knoblauch und Korianderkörnern, der geriebenen Zitronenschale, Liebstöckel, Kerbel und Minze und eventuell geschnittenem Bärlauch sowie Rohzucker, kleingeschnittenem Ingwer, Erdnußöl und Sojasauce vermischen.

3. Den Reisteig in kaltem Wasser einweichen, aus dem Wasser nehmen und auf ein Tuch legen. Das Hühnerfleisch der Länge nach auf die Teigblätter legen. Das Reismehl mit ein wenig Wasser anrühren, eine Seite der freigebliebenen Teigstücke damit bestreichen. Den Teig von der unbestrichenen Seite her einrollen, die Enden zusammendrücken.

4. Die Reisteig-Päckchen in Pflanzenöl schwimmend etwa 8 Minuten ausbacken; dabei immer wieder heißes Fett über die Päckchen schöpfen. Aus dem Fett heben und trockentupfen.

5. Die Jungzwiebeln putzen und in 3 cm lange Stücke schneiden. Die Karotte schälen und in Stifte schneiden. Fisolen putzen, blanchieren und in 3 cm lange Stücke schneiden. Die Sojasprossen waschen.

6. In einer Pfanne das Erdnußöl erhitzen. Zuerst Karotte und Jungzwiebeln kurz anrösten, dann Fisolen und Sojasprossen zugeben und kurz durchschwenken. 3 Eßlöffel Sauce zugeben und mit Salz und Pfeffer würzen.

7. Das Gemüse auf Teller geben, die Hendl im Reisteig daraufsetzen und die Sauce zugeben.

Huhn mit Paprika

Zutaten für 4 Personen

4 Hühnerkeulen

8 rote Paprikaschoten

5 Knoblauchzehen

1/2 l Olivenöl

1 Rosmarinzweig

1 TL kleingehackte Rosmarinnadeln

etwas Balsamicoessig

evtl. etwas Fenchelkraut

evtl. 1 Prise Kreuzkümmel

Salz

gestoßener schwarzer Pfeffer

1. Die Paprikaschoten halbieren, entkernen und nochmals halbieren. Reichlich Olivenöl erhitzen. Die Paprikaschoten und die ungeschälten Knoblauchzehen etwa 1/2 Stunde köcheln lassen. Die Paprikaschoten aus dem Fett heben und die Haut abziehen.

2. Die Hühnerkeulen auslösen und in jeweils drei Stücke schneiden (die Haut wird nicht abgezogen). Das Backrohr auf 200 Grad vorheizen.

3. In einer ofenfesten Pfanne ein wenig Olivenöl erhitzen. Das Fleisch mit der Haut nach unten einlegen und scharf anbraten. Den Rosmarinzweig zugeben, die Pfanne ins Rohr schieben und das Fleisch etwa 8 Minuten braten.

4. Die Paprikaschoten auf vier Tellern anrichten, das Hühnerfleisch daraufgeben und alles mit dem Fett aus der Bratpfanne beträufeln, mit Rosmarin und gestoßenem schwarzen Pfeffer bestreuen, salzen und mit Balsamicoessig besprenkeln. Falls vorhanden, Fenchelkraut und nach Belieben gemahlenen Kreuzkümmel darüberstreuen.

K. und R. Obauer

Statt der Keulen können Sie auch Brüste verwenden (ohne Haut). Die Filets etwas früher herausnehmen.

Hendlbrüste mit Erdäpfelpüree

Zutaten für 4 Personen

4 Hendlbrüste
50 g Butter
3 Oliven
8 EL Erdäpfelpüree (siehe Seite 169)
50 g Parmesan
8 kleine Karotten
50 g Knollensellerie
4 Schalotten
4 Knoblauchzehen
1 TL getrockneter Majoran
1 Prise getrockneter Gebirgswermut
1/8 l Rotwein
1/8 l Bratensaft oder brauner Geflügelsaft
Salz
Pfeffer

1. Von den Hendlbrüsten die Haut abziehen. Hendlbrüste salzen, pfeffern und rasch auf beiden Seiten in 30 g Butter anbraten.

2. Die Oliven hacken und mit dem Erdäpfelpüree verrühren.

3. Eine feuerfeste Form mit der restlichen Butter ausstreichen. Die Hendlbrüste hineingeben, mit Erdäpfelpüree bestreichen und mit Parmesan bestreuen.

4. Das Backrohr auf 220 Grad vorheizen. Karotten, Sellerie, Knoblauchzehen und Schalotten schälen. Den Sellerie in Stifte schneiden.

5. Das Gemüse zusammen mit Majoran und etwas Gebirgswermut zu den Hühnerbrüsten geben, mit Rotwein und Geflügelsaft aufgießen. Im vorgeheizten Rohr 12 bis 14 Minuten garen.

Gansl mit Bauernkraut

Zutaten für 6 Personen

- 1 Gans von etwa 3 kg
- ausgelöstes und zerlassenes Gänsefett
- 1 bis 2 EL Sonnenblumenöl
- 2 Äpfel
- 6 Knoblauchzehen
- Mehl zum Bestäuben
- 1 TL getrockneter Majoran
- 1 unbehandelte Zitrone
- 1 unbehandelte Orange
- 2 EL Honig
- 1 TL Kümmel
- 1 TL Ketchup
- 1 TL Sojasauce
- Salz · Pfeffer

Für das Bauernkraut:

- 1 mittelgroßer Kopf Blaukraut
- 6 Knoblauchzehen
- 3 Zwiebeln
- 100 g Speck
- 3 EL Gänsefett
- 3 EL Zucker
- 2 Äpfel
- 1 bis 2 TL Kümmel
- 1 Schuß Essig
- 3/4 l Rotwein
- getrockneter Majoran
- evtl. etwas Honig, 1 pürierte Quitte oder 2 Steinpilze
- Salz · Pfeffer

1. Von der Gans die Keulen ablösen. Rücken und Brust mit der Geflügelschere auseinanderschneiden, das Fett ablösen. Die Rückenknochen in Stücke schneiden.

2. Die Gänsekeulen auf der Hautseite in ein wenig Gänsefett knusprig anbraten, restliches Gänsefett und ein wenig Öl zugeben, so daß die Keulen im Fett schwimmen. Zugedeckt etwa 1 1/2 Stunden köcheln lassen. Die Gänsekeulen aus dem Fett heben und beiseite stellen.

3. Das Backrohr auf 220 Grad vorheizen. Die Gänsebrust am Knochen mit Salz und schwarzem Pfeffer würzen. Die Äpfel schälen, Kerngehäuse entfernen und die Äpfel achteln. Gänsebrust, Äpfel, 5 ungeschälte Knoblauchzehen, 1/8 Liter Wasser und die Rückenknochen in einen Schmortopf geben und im vorgeheizten Rohr anbraten. Nach 1/4 Stunde die Hitze auf 190 Grad reduzieren und die Gänsebrust weitere 1 1/4 Stunden braten. Zwischendurch immer wieder mit der Schmorflüssigkeit übergießen.

4. Die Gänsebrust aus dem Schmortopf heben und beiseite stellen. Den Bratensaft in einen Topf gießen und entfetten. Die Knochen mit etwas Mehl bestäuben, den Bratensaft zugießen und etwa 1/4 Stunde köcheln lassen. Abseihen und mit getrocknetem Majoran, Salz und Pfeffer würzen.

5. Honig, die abgeriebenen Zitronen- und Orangenschalen, Kümmel, Ketchup, Sojasauce und eine geschälte und durchgepreßte Knoblauchzehe mit ein wenig Wasser aufkochen.

6. Das Gänsebrustfleisch von den Knochen lösen. Gänsebrust und -keulen auf ein Backblech geben, mit der Honigmischung bestreichen und bei 220 Grad Oberhitze braten, bis die Haut schön knusprig ist.

7. Das Kraut kann man zubereiten, während die Gans brät: Das Kraut blättrig schneiden. Knoblauch und Zwiebel schälen und kleinschneiden. Den Speck in Würfel schneiden. Speck, Zwiebel und Knoblauch im Gänsefett anschwitzen, den Zucker einrühren und karamelisieren lassen. Das Blaukraut zugeben und zugedeckt in etwa 10 bis 15 Minuten bißfest dünsten.

8. Die Äpfel mit der Schale grob reiben und zusammen mit dem Kümmel unter das Kraut rühren. Noch kurz dünsten, Essig und so viel Rotwein zugießen, daß das Kraut knapp bedeckt ist. Noch 1/4 Stunde durchziehen lassen. Mit Majoran, Salz und Pfeffer abschmecken. Nach Belieben auch ein wenig Honig und pürierte Quitte einrühren. Wenn verfügbar, zwei Steinpilze blättrig schneiden, in Butter braten und unter das Kraut rühren.

9. Gänsebrust und Keulen in Stücke teilen und mit dem Kraut servieren.

K. und R. Obauer

Als zusätzliche Beilage Knödel oder Erdäpfelnidei (siehe Seite 117) servieren. Die Bratzeit von Gänsen kann nie exakt angegeben werden. Sie ist abhängig von der Mast der Gänse und kann bis zu einer Stunde differieren.

Eierspeis mit Sellerie

Zutaten für 4 Personen

160 g Knollensellerie
1/4 l Schlagobers
8 Eier
Salz
Pfeffer
evtl. Kaviar, Trüffeln oder eingelegte Steinpilze

1. Den Sellerie schälen und in feine Würfel schneiden. In einen kleinen Topf geben und mit so viel Schlagobers aufgießen, daß die Selleriewürfel gerade bedeckt sind. Köcheln lassen, bis der Sellerie gar ist. Abkühlen lassen.

2. Die Eier mit dem gekochten Sellerie samt Saft sowie einem guten Schuß Schlagobers verrühren, in eine Pfanne gießen und langsam erhitzen. Unter ständigem Rühren mit dem Schneebesen bei kleiner Hitze garen (die Eier sollen mäßig stocken, aber keinesfalls hart werden).

3. Die Eierspeis portionsweise auf Teller geben, salzen und pfeffern. Falls gewünscht und verfügbar, auf jede Portion einen Löffel Kaviar, gehobelte Trüffeln oder eingelegte Steinpilze geben.

Kalbsrücken mit Sauerrahm-Thunfischcreme und Tomatensalat

Zutaten für 4 Personen

4 Scheiben vom Kalbsrücken à 150 g

1 EL Kapern

einige gehackte Rosmarinnadeln

2 bis 3 Salbeiblätter, kleingeschnitten

4 EL Olivenöl

1 Scheibe Thunfischfilet à 150 g

1 Knoblauchzehe

1 EL Sardellenpaste

60 ml Sauerrahm

2 EL Crème fraîche

1/8 l Weißwein

1 bis 2 EL frische gehackte Kräuter (Oregano, Basilikum und Kerbel)

20 schwarze Oliven

Butter

Salz · Pfeffer

Für den Tomatensalat:

6 Fleischtomaten oder 30 Kirschtomaten

5 Basilikumblätter

5 Minzeblätter

1 Zitrone

5 Korianderkörner

4 EL Olivenöl

1 TL Zucker

Salz · Pfeffer

1. Den Kalbsrücken salzen, mit Pfeffer und den gehackten Kapern, Rosmarin und Salbei bestreuen, mit 1 EL Olivenöl beträufeln und 8 bis 10 Minuten über Wasserdampf garen.

2. Das Thunfischfilet klein schneiden, mit den restlichen Kapern und dem gepreßtem Knoblauch in 3 EL Olivenöl andünsten. Sardellenpaste, Sauerrahm, Crème fraîche, Weißwein, ein wenig gehackten Oregano und Basilikum einrühren. Die Masse mit dem Stabmixer aufschlagen.

3. Die Thunfischcreme auf Teller geben. Das Kalbfleisch in dünne Scheiben schneiden, auf die Creme geben und mit Oliven, Oregano, Basilikum und Kerbel bestreuen.

4. Für den Tomatensalat die Tomaten oben einschneiden, kurz in kochendes Wasser legen, kalt abschrecken, enthäuten und entkernen. Den Saft auffangen.

5. Je 5 Blätter Basilikum und Minze grob schneiden. Die Zitrone auspressen.

6. Das Fleisch der Tomaten in Spalten schneiden, mit dem Tomatensaft, zerdrücktem Koriander, Basilikum und Minze, Salz, Pfeffer, Olivenöl, Zucker und Zitronensaft vermischen.

K. und R. Obauer

Dieses Gericht kann man warm oder kalt genießen. Es erinnert an Vitello tonnato, schmeckt aber noch besser.

Kalbsstelze mit Fenchel

Zutaten für 4 Personen

1 hintere Kalbsstelze von etwa 2 kg (1 Woche abgelegen)
etwas geriebene Muskatnuß
1/8 l Erdnußöl
1 Rosmarinzweig
ein paar Salbeiblätter
1/8 l süßer Wein (z.B. weißer Portwein)
1/8 l Kalbsfond oder Hühnersuppe
1 Fenchelknolle
2 große Erdäpfel
evtl. schwarze Trüffeln
Salz · gestoßener weißer Pfeffer

1. Das Backrohr auf 240 Grad vorheizen. Das Fleisch mit Salz, Pfeffer und Muskatnuß einreiben. In eine ofenfeste Form setzen, mit Erdnußöl begießen, Rosmarinzweig und Salbeiblätter zugeben. Im Rohr 20 Minuten braten.

2. Wein und Kalbsfond oder Hühnersuppe zugießen und die Hitze auf 200 Grad reduzieren. Den Fenchel putzen und halbieren. Die Erdäpfel schälen und halbieren. Das Gemüse nach 1 Stunde Garzeit zur Stelze geben.

3. Die Stelze während des Bratens immer wieder mit dem Bratensaft übergießen. Eventuell etwas Wasser zugießen. Die Garzeit richtet sich nach der Fleischqualität und der Zeit, die das Fleisch abliegen konnte. Sie beträgt zwischen 2 1/2 und 3 1/2 Stunden.

4. Stelze und Gemüse aus dem Topf nehmen. Den Bratensaft durch ein Sieb gießen und mit Salz und Pfeffer abschmecken. Eventuell gehackte schwarze Trüffeln einrühren.

5. Das Fleisch vom Knochen lösen, portionieren und mit Gemüse und Bratensaft servieren.

Kalbswadlgulasch
mit Topfennudeln und fritiertem Paprika

Zutaten für 4 Personen

Für das Gulasch:

2 Kalbswaden, insgesamt etwa 800 g

3 Zwiebeln

2 EL Maiskeimöl oder Kalbsnierenfett

1 bis 2 TL Zucker

1 EL Essig

5 bis 7 EL edelsüßer Paprika

1 Prise Cayennepfeffer

1 Lorbeerblatt

1 Limone

evtl. etwas Maisstärke

1 rote Paprikaschote

Olivenöl zum Fritieren

Salz

Für die Topfennudeln:

250 g Nudelteig (siehe Seite 245)

5 EL Topfen

1 Eidotter

1 Limone

ein paar Minzeblätter

3 bis 4 EL Butter

1 EL frische gehackte Kräuter (z.B. Petersilie, Kerbel)

Salz

Pfeffer

1. Die Zwiebeln schälen und fein schneiden, in Öl oder Nierenfett goldbraun rösten. Den Zucker zugeben, mit Essig ablöschen und mit 1 Liter Wasser aufgießen. Das Paprikapulver mit einem Schneebesen einrühren.

2. Die Kalbswaden in große Würfel schneiden und beigeben. Mit Cayennepfeffer, Lorbeerblatt und Salz würzen. Zugedeckt 1 bis 1 1/4 Stunden köcheln lassen.

3. Zum Schluß die abgeriebene Limonenschale einrühren. Den Gulaschsaft nach Belieben mit ein wenig in Wasser angerührter Maisstärke binden.

4. Die Paprikaschote waschen, halbieren, entkernen und in Streifen oder Würfel schneiden. In Olivenöl fritieren, bis das Paprikagemüse weich ist.

5. Für die Topfennudeln den Topfen mit Dotter, geriebener Limonenschale, geschnittener Minze, Salz und Pfeffer gut vermischen. Den Nudelteig dünn ausrollen und in Stücke von 5 x 15 cm schneiden.

6. Die Topfenmasse mit einem Spritzsack auf den Teig dressieren. Den Teig über die Längskante falten und die Ränder zusammendrücken.

7. Die Nudeln in Salzwasser 3 Minuten sieden, aus dem Wasser heben und in Butter mit Kräutern schwenken.

8. Das Gulasch mit Topfennudeln und fritiertem Paprikagemüse servieren.

Kalbsrahmbeuschel mit Schwammerln

Zutaten für 10 Personen

- 1 Kalbsbeuschel von etwa 2 kg
- 1 Kalbsherz
- 2 Lorbeerblätter
- 1 EL schwarze Pfefferkörner
- 1 TL Koriander
- 1 Gewürznelke
- 1 Suppenwürfel
- 5 Zwiebeln
- 2 EL Schmalz
- 60 ml Öl
- 50 g Petersilienstengeln
- 5 Essiggurken
- 4 EL Mehl
- 60 ml Estragonessig
- 1/2 l Riesling
- 60 ml Essiggurken-Einlegeflüssigkeit
- 1/2 Tube Sardellenpaste
- 2 EL Salzkapern
- 5 EL Estragonsenf
- 3 EL getrockneter Majoran
- 1/2 EL gemahlener Kümmel
- etwas geriebene Muskatnuß
- 3 EL flüssige Suppenwürze (z.B. Maggi)
- 100 g würziger Blauschimmelkäse (z.B. Gorgonzola)
- 3 EL feingeschnittene frische Kräuter (Liebstöckel, Estragon, Petersilie, Ysop, Korianderblätter, Schnittlauch)
- 750 g Pilze (z.B. Eierschwammerln)
- 1/4 l Schlagobers
- 2 EL Butter oder Butterschmalz
- Salz · Pfeffer

1. Vom Beuschel den Schlund wegschneiden. Das Herz halbieren. Beuschel und Herz in kaltem Wasser ca. 1/2 Tag wässern, dabei zwischendurch immer wieder das Wasser wechseln.

2. Beuschel und Herz mit kaltem Wasser in einem großen Topf zum Kochen bringen. Lorbeerblätter, Pfefferkörner, Koriander, Gewürznelke, Salz und den Suppenwürfel zugeben und etwa 1 1/2 Stunden zugedeckt köcheln lassen.

3. Beuschel und Herz aus dem Fond heben, kalt abschrecken und gut auskühlen lassen. 1 Liter Fond abmessen und beiseite stellen.

4. Das Beuschel putzen, große Blutgefäße und Röhren ausschneiden. Beuschel und Herz in feine Streifen schneiden.

5. 3 Zwiebeln schälen und fein schneiden, in Schmalz und Öl goldbraun anschwitzen. Petersilienstengeln kleinschneiden, die Essiggurken blättrig schneiden, beides zu den Zwiebeln geben.

6. Das Mehl einrühren, mit Estragonessig, Riesling, Essiggurken-Einlegeflüssigkeit und Beuschelfond aufgießen. Sardellenpaste, Salzkapern, Estragonsenf, Majoran, Kümmel, Muskatnuß, Suppenwürze und Blauschimmelkäse einrühren. Aufkochen und mit dem Stabmixer pürieren. Etwa 10 Minuten kochen lassen.

7. Das Beuschel zugeben und nochmals gut aufkochen. Die feingeschnittenen Kräuter einrühren, Schlagobers zugießen und aufkochen.

8. Mit Salz, Pfeffer und eventuell einem Schuß Essig pikant-säuerlich abschmecken.

9. Als Beilage zum Beispiel gebratene Eierschwammerln servieren. Die Schwammerln putzen, die beiden restlichen Zwiebeln schälen und hacken. Zwiebeln und Schwammerln in reichlich Butter (besser noch Butterschmalz) braten. Salzen und pfeffern. In tiefen Tellern halb Beuschel, halb Schwammerln servieren.

Kalbsniere mit Chicorée und Pilzen

Zutaten für 4 Personen

4 Kalbsnieren

4 Chicorée

3 EL Butter

1 Prise Zucker

scharfer Senf zum Bestreichen

einige Estragonblättchen

200 g Steinpilze oder Shiitake-Pilze

2 EL Öl

4 Scheiben Hamburgerspeck

Sherryessig zum Beträufeln

Salz

Pfeffer

1. Das Backrohr auf 180 Grad vorheizen. Die Chicoréekolben der Länge nach halbieren, die Strünke herausschneiden. In einer Pfanne die Butter mit ein wenig Salz und Zucker erhitzen. Den Chicorée einlegen und zugedeckt im Rohr etwa 1/2 Stunde schmoren.

2. Die Nieren der Länge nach aufschneiden, Gefäße ausschneiden und so viel Fett wegschneiden, daß rundum nur noch ein etwa 1/2 cm dicker Fettrand stehen bleibt. Die Nieren innen dünn mit scharfem Senf bestreichen, mit schwarzem Pfeffer bestreuen und mit Estragonblättern belegen. Die Nieren zusammenklappen, salzen, pfeffern und mit Küchengarn binden.

3. Die Pilze putzen und in Stücke schneiden. Den fertig gegarten Chicorée aus dem Rohr nehmen und warm halten. Das Rohr auf 220 Grad vorheizen.

4. In einem Topf das Öl erhitzen. Die Nieren rundum kräftig anbraten. Pilze und Speck zugeben, den Topf in das Backrohr schieben und die Nieren etwa 20 Minuten braten.

5. Die Nieren herausnehmen und 5 bis 10 Minuten ruhen lassen. Den Bratensaft durch ein Sieb streichen. Von den Nieren das Garn entfernen und die Nieren auf Chicorée mit Pilzen, Speck und Bratensaft anrichten. Mit Chicoréesaft und Sherryessig beträufeln.

K. und R. Obauer

Zu den Kalbsnieren paßt am besten Reis als Beilage.

Saure Kalbsleber mit Weintrauben und überbackenem Erdäpfelpüree

Zutaten für 4 Personen

800 g Kalbsleber

1 Weintraube

2 Zwiebeln

1 EL Butter

2 bis 3 EL Balsamicoessig

1/8 l Schlagobers

geriebene Muskatnuß

1 TL frischer Majoran

evtl. ein paar Salbeiblätter

1 EL gehackte Petersilie

Salz · Pfeffer

Für das Püree:

4 mehlige Erdäpfel, etwa 250 g

0,2 l Milch

1 Schuß Erdnußöl

geriebene Muskatnuß

100 g würziger geriebener Käse (am besten eignet sich eine Mischung aus Gruyère, Appenzeller und Bergkäse)

1 EL Butter

Salz · Pfeffer

1. Die Leber enthäuten, grob in einige Stücke schneiden und die großen Blutgefäße entfernen. Die Leber einen Tag lang im Kühlschrank liegen lassen (siehe Tip).

2. Für das Püree die Erdäpfel schälen, kleinschneiden und in Salzwasser weich kochen. Abseihen. Das Backrohr auf 220 Grad vorheizen.

3. Die Milch mit einem Schuß Erdnußöl aufkochen, salzen, pfeffern und mit geriebener Muskatnuß verrühren. Die Erdäpfel durch die Presse drücken. Die Butter zugeben und so viel heiße Milch einrühren, bis ein flaumiges Püree entsteht.

4. Das Püree in eine feuerfeste Form füllen und mit geriebenem Käse bestreuen. Das Püree im vorgeheizten Backrohr 10 Minuten überbacken.

5. Die Leber schnetzeln oder in Scheiben schneiden. 20 Weinbeeren von der Traube zupfen. Die Zwiebeln schälen und blättrig schneiden.

6. Die Zwiebeln in einer Pfanne in Butter anschwitzen, die Leber zugeben, kurz durchrühren und mit Balsamicoessig ablöschen. Weinbeeren und Schlagobers zugeben und pfeffern. Muskatnuß, Majoran und eventuell auch ein paar Blätter Salbei zugeben. Die Leber zugedeckt 5 bis 8 Minuten schmoren.

7. Die Leber aus der Pfanne nehmen. Die Sauce mit dem Stabmixer pürieren. Die Leber wieder in die Sauce legen, salzen und mit Petersilie bestreuen. Mit dem Püree servieren.

K. und R. Obauer

*Durch das Ruhen tritt Blut aus,
was in diesem Fall erwünscht ist.
Das Hartwerden der Leber hat vor allem mit dem
Stocken des Blutes zu tun. Leber, die lange geruht
hat, bleibt beim Braten weicher.*

Lammbeuschel mit Curry

Zutaten für 6 Personen

2 Lammbeuschel und 2 Lammherzen, insgesamt etwa 1 kg

2 1/2 Zwiebeln

1 Karotte

1 Lorbeerblatt

2 Wacholderbeeren

1 Gewürznelke

1 1/2 Knoblauchknollen

5 EL Butter

4 EL Mehl

1/8 l Essiggurkenmarinde

60 ml Balsamicoessig

1/8 l würziger Weißwein (z.B. Traminer)

2 EL Curry

1 Prise Cayennepfeffer

1/8 l Schlagobers

50 g Blauschimmelkäse (am besten Roquefort)

2 EL frisch geschnittene Kräuter (z.B. Selleriegrün, Rosmarin, Basilikum, Liebstöckel, Minze, Petersilie, Kerbel)

Salz

1. Die Lammherzen auseinanderschneiden. Von den Lungen die Luftröhren wegschneiden. Beuschel und Herzen für 1 Stunde in kaltes Wasser legen.

2. Beuschel und Herzen mit 2 Liter frischem, kaltem Wasser in einen Topf geben. 1/2 geschälte Zwiebel, geputzte Karotte, Lorbeerblatt, Wacholderbeeren, Gewürznelke und eine halbierte ungeschälte Knoblauchknolle zugeben. Das Wasser mäßig salzen, zum Kochen bringen und die Innereien 1 Stunde zugedeckt köcheln lassen.

3. Die Innereien aus dem Fond heben und in kaltes Wasser legen. Sobald sie abgekühlt sind, herausnehmen und die großen Blutgefäße mit einem scharfen Messer herausschneiden. Die geputzten Innereien in feine Streifen schneiden.

4. Die beiden Zwiebeln schälen, fein schneiden und in der Butter goldgelb anschwitzen. 3 geschälte und zerdrückte Knoblauchzehen unterrühren, mit Mehl bestäuben und mit Essiggurkenmarinade und Balsamicoessig ablöschen.

5. Mit 1/2 Liter Fond und Wein aufgießen. Curry, ein wenig Cayennepfeffer und Schlagobers einrühren. Die Sauce 10 Minuten köcheln lassen. Den Blauschimmelkäse zugeben und die Sauce mit dem Stabmixer aufschlagen.

6. Die Karotte vom Kochfond kleinschneiden. Karotte, Innereien und Kräuter in die Sauce rühren.

K. und R. Obauer

Die Lammbeuschel mit Weißbrot oder Polenta servieren.

Lammsattel mit gedämpftem Salat

Zutaten für 6 Personen

1 Lammsattel von etwa 4,5 kg

5 EL Olivenöl

8 Knoblauchzehen

1/4 l guter Rotwein

6 Tomaten

1 EL frische gehackte Kräuter (Basilikum und Minze)

Salz

Pfeffer

Für den Salat:

3 Stück Bologneser Salat

30 g Butter

2 Knoblauchzehen

Salz

Pfeffer

1. Die Haut des Lammsattels links und rechts des Rückgrates einschneiden und die Fettschicht kreuzweise einritzen (schröpfen). Das Fleisch salzen, pfeffern, mit 2 EL Olivenöl einreiben und 1/2 Stunde durchziehen lassen.

2. Das Backrohr auf 220 Grad vorheizen.

3. In einem Bratentopf 3 EL Olivenöl erhitzen und das Fleisch von allen Seiten kurz anbraten. Das Fleisch so wenden, daß der Knochen unten liegt, und die ungeschälten Knoblauchzehen zugeben. Das Fleisch im Rohr 20 Minuten braten. Den Rotwein zugeben.

4. Die Tomaten halbieren. Tomaten und Sauerrahm zum Fleisch geben und die Hitze auf 100 Grad reduzieren (das Rohr abschalten, die Tür einen Spalt öffnen) und den Lammsattel noch 20 Minuten durchziehen lassen.

5. Inzwischen den Salat zubereiten: Die Salatköpfe waschen und vierteln. In einer Pfanne ein wenig Butter erhitzen, den Salat einlegen, salzen, pfeffern und ein wenig Wasser zufügen. Die Knoblauchzehen schälen und blättrig schneiden (alternativ ein paar Bärlauchblätter zugeben) und den Salat zugedeckt 2 Minuten dämpfen.

6. Den Lammsattel aus dem Topf heben. Den Bratensaft durch ein Sieb streichen und auf die Hälfte einkochen. Salzen, pfeffern, geschnittenes Basilikum und Minze sowie ein wenig Olivenöl zugeben und die Sauce mit dem Stabmixer aufschlagen.

7. Den Lammsattel mit dem gedämpften Salat und der Sauce anrichten.

8. Fleisch von den Knochen schneiden und portionieren. Salat auf Teller geben, Lammsauce dazugeben, Fleisch auf den Salat setzen.

K. und R. Obauer

Als Beilage paßt Erdäpfelpüree.

Pikanter Rindslungenbraten

Zutaten für 4 Personen

1 kg Rindslungenbraten (am besten das Filet-Mittelstück)
2 EL Butter
2 EL Öl
Pfeffer
Für die Kräuterbutter:
125 g Butter
1/2 Zwiebel
frisch gehackte Kräuter (z.B. je 1 TL Petersilie, Dill, Estragon und Liebstöckel, je 1 TL Thymian und Rosmarin)
1 TL Kapern
1 unbehandelte Zitrone
1 Msp grobgestoßener Pfeffer
1 Msp Paprikapulver
1 Spritzer Sardellenpaste
1 Knoblauchzehe
1 EL Senf
1/2 EL Worcestersauce
1 Schuß Cognac
2 EL Sauerrahm
1 EL Schlagobers
1 EL Crème fraîche
Salz · Pfeffer

1. Für die Kräuterbutter die Butter schaumig rühren. Die Zwiebel schälen und in sehr feine Würfel schneiden. Die Kräuter ebenfalls sehr fein schneiden. Die Kapern hacken, die Zitronenschale abreiben.

2. Butter, Zwiebel, Kräuter, Kapern, Zitronenschale, zerstoßenen Pfeffer, Paprikapulver, Sardellenpaste, die geschälte und gepreßte Knoblauchzehe, Senf, Worcestersauce, Cognac, Sauerrahm, Schlagobers und Crème fraîche miteinander verrühren.

3. Das Backrohr auf 220 Grad vorheizen. Das Fleisch pfeffern und von allen Seiten in Butter und Öl anbraten. Im vorgeheizten Rohr 20 bis 25 Minuten braten.

4. Das Fleisch aus dem Rohr nehmen und das Fett abgießen. Die Kräuterbutter in den Topf geben und das Fleisch in der Butter wenden, so daß es rundum von der Butter überzogen ist.

5. Das Fleisch in Scheiben schneiden, auf Tellern anrichten und mit der im Topf verbliebenen Butter beträufeln.

K. und R. Obauer

Mit dieser Kräuterbutter lassen sich auf gleiche Weise Schweinsfilet, Schweinsmedaillons oder Putenbrust (im Ganzen) zubereiten. Als Beilage passen Nudeln, Polenta, Gnocchi oder Pommes frites.

Ochsenschlepp in Erdäpfelpüree

Zutaten für 6 Personen

1 Ochsenschlepp (vom Fleischhauer in Scheiben schneiden lassen)
1 Scheibe Speck
4 EL Olivenöl
2 Karotten
1 Stangensellerie
2 Zwiebeln
2 l Rotwein
1 TL Tomatenmark
1 Thymianzweig
1 Rosmarinzweig
2 Gewürznelken
8 Pfefferkörner
2 Knoblauchzehen
400 g mehlige Erdäpfel
1/2 TL Kümmel
60 ml Milch · 100 g Butter
100 g Pilze (am besten Steinpilze)
6 Schalotten
1 EL frisch geschnittener Liebstöckel, Estragon und Kerbel
60 ml Rotweinessig
Salz · Pfeffer

1. Den Ochsenschlepp in etwa 3 EL Olivenöl mit Speck rundum anbraten. Karotten und Stangensellerie putzen und in Stücke, die Zwiebeln schälen und in Ringe schneiden. Alles zum Ochsenschlepp geben und mit 1 1/2 Liter Rotwein aufgießen. Das Tomatenmark einrühren, aufkochen und den aufsteigenden Schaum abschöpfen.

2. Thymian, Rosmarin, Gewürznelken, Pfefferkörner und die ungeschälten Knoblauchzehen zugeben und zugedeckt etwa 4 Stunden kochen, bis sich das Fleisch von den Knochen löst.

3. Zwei Drittel der Erdäpfel schälen und in kleine Stücke schneiden. In Salzwasser mit Kümmel weich kochen, abseihen.

4. Die Erdäpfel durch die Presse drücken, mit warmer Milch, 30 bis 40 Gramm Butter und etwas Olivenöl zu einem Püree rühren.

5. Die Pilze putzen und kleinschneiden. Mit einer feingehackten Schalotte in 30 Gramm Butter anschwitzen. Salzen, pfeffern und mit gehackten Kräutern vermischen.

6. Den Ochsenschlepp abseihen, den Fond auffangen und entfetten. Das Backrohr auf 250 Grad vorheizen.

7. In eine gebutterte Pfanne sechs Metallringe setzen. Die restlichen Kartoffeln schälen, in sehr dünne Scheiben schneiden und in die Ringe legen. Die Hälfte des Kartoffelpürees daraufstreichen und den ausgelösten Ochsenschlepp auf das Püree legen. Das Pilzragout darauf verteilen und mit dem restlichen Püree abschließen. Im vorgeheizten Rohr 1/4 Stunde backen.

8. Die restlichen Schalotten schälen, fein hacken und in 30 Gramm Butter anschwitzen. Mit Essig und restlichem Rotwein aufgießen. Den Ochsenschleppsud zufügen und stark einkochen, salzen und pfeffern.

9. Den Ochsenschlepp aus den Formen lösen, auf Teller stürzen und mit Weinsauce servieren.

K. und R. Obauer

Wenn keine kleinen Metallringe zur Verfügung stehen, kann man den Ochsenschlepp auch in einer Springform von etwa 20 cm Durchmesser auf die gleiche Weise zubereiten.

Schweinslungenbraten mit Essigkapern und eingebrannten Erdäpfeln

Zutaten für 4 Personen

600 g Schweinslungenbraten

450 g speckige Erdäpfel

1/2 Zwiebel

5 EL Schmalz

1 EL Mehl

1/8 l Einlegeflüssigkeit von Essiggurken

400 ml Rind- oder Hühnersuppe

1 Lorbeerblatt

4 Essiggurken

2 EL Essig

zerstoßener schwarzer Pfeffer

1 TL getrockneter Majoran

2 EL Butter

1 Schuß Öl

2 EL Essigkapern

1 Knoblauchzehe

Weißwein

evtl. ein Spritzer Sojasauce

1/2 EL Estragonsenf

Salz · Pfeffer

1. Die Erdäpfel schälen und in 1/2 cm dicke Scheiben schneiden.

2. Die Zwiebel fein schneiden und in Schmalz anschwitzen. Mit Mehl bestäuben und zur hellen Einbrenn rösten. Mit Einlegeflüssigkeit von Essiggurken und Rindsuppe aufgießen, salzen, pfeffern und das Lorbeerblatt zugeben. Die Erdäpfel zufügen und weich kochen (dauert etwa 35 Minuten).

3. Die Essiggurken blättrig schneiden. Gurken, Essig, gestoßenen Pfeffer und getrockneten Majoran einrühren.

4. Den Schweinslungenbraten putzen, in doppeldaumendicke Scheiben schneiden und pfeffern.

5. In einer Pfanne Butter und Öl erhitzen und die Medaillons von beiden Seiten anbraten. Die Kapern sowie die geschälte und gepreßte Knoblauchzehe zugeben. Zugedeckt 5 Minuten schmoren.

6. Fleisch und Kapern aus der Pfanne nehmen und warm stellen.

7. Den Bratenrückstand mit Weißwein und eventuell ein wenig Sojasauce ablöschen. Den Estragonsenf einrühren und die Sauce mit dem Schneebesen durchrühren. Durch ein Sieb streichen, mit Salz und Pfeffer abschmecken. Die Schweinsmedaillons mit Kapern, Sauce und eingebrannten Erdäpfeln anrichten.

K. und R. Obauer

Eingebrannte Erdäpfel und alle anderen Ragoutgerichte, die zum Anlegen neigen, am besten in einem weiten, emaillierten Topf zubereiten. In einem hohen Topf ist die Garzeit wesentlich länger und daher auch die Gefahr des Anbrennens größer.

Schweinsschopf-Schnitzel mit Bärlauchspinat

Zutaten für 4 Personen

- 4 Schnitzel vom Schweinsschopf, insgesamt 700 g
- 10 g Salz
- 1 Prise gestoßener Kümmel
- 1 Knoblauchzehe
- einige Bärlauchblätter
- 1 Prise Zucker
- 3 EL Sonnenblumenöl
- 300 g festkochende Erdäpfel
- 1 TL Kümmel
- 1 EL Senf
- 2 EL Sonnenblumenöl
- 1 EL Mehl
- 1/8 l Rindsuppe
- Butter zum Binden der Sauce
- Pfeffer
- Für den Bärlauchspinat:
- 500 g Blattspinat
- 100 g Bärlauch
- 1/4 l Schlagobers
- 1/8 l Crème fraîche
- geriebene Muskatnuß
- Salz

1. Die Schnitzel leicht klopfen, die Ränder einschneiden. Salz, zerstoßener Kümmel, die feingeschnittene Knoblauchzehe, ein paar geschnittene Bärlauchblätter, Zucker, Sonnenblumenöl und Senf vermischen. Das Fleisch mit dieser Mischung einreiben, in ein luftdichtes Gefäß geben und das Gefäß verschließen. Die Schnitzel im Kühlschrank einen Tag marinieren lassen.

2. Die Erdäpfel waschen und in der Schale in Salzwasser mit Kümmel gar kochen. Die Erdäpfel schälen und in dicke Scheiben schneiden.

3. Den Blattspinat putzen, in kaltem Wasser gut waschen. Die Bärlauchblätter in breite Streifen schneiden. Schlagobers mit Crème fraîche, Salz und geriebener Muskatnuß aufkochen. Blattspinat, Bärlauch und die Erdäpfelscheiben zugeben. Zugedeckt einmal aufkochen lassen und durchrühren.

4. In einer Pfanne ein wenig Öl (am besten Sonnenblumenöl) erhitzen und die Schnitzel darin von beiden Seiten braten.

5. Die Schnitzel aus der Pfanne nehmen. Den Bratensatz leicht mit Mehl bestäuben und mit Rindsuppe ablöschen. Die Suppe aufkochen, mit ein wenig Butter binden und mit Salz und Pfeffer abschmecken.

6. Die Schnitzel mit Gemüse und Sauce anrichten.

Hasenrücken und Hasenpfeffer in Gebirgswermut-Sauce

Zutaten für 4 Personen

Filets von 1 Wildhasenrücken

1 Wildhasenkeule mit Knochen

6 Knoblauchknollen

4 Karotten

1/2 Schalotte

3 EL Schwarzbeeren

3 EL Preiselbeeren

1 Schinkenschwarte

2 l Rotwein

5 g Ingwer

10 g Bitterschokolade

1 Gewürznelke

5 g getrocknete Steinpilze

1 Prise getrockneter Gebirgswermut

1 Zweig wilder Majoran

1 Zweig wilde Minze

1 Thymianzweig

5 Wacholderbeeren

1/8 l Hasenblut

Butter zum Binden der Sauce

1 bis 2 EL Olivenöl

Salz · Pfeffer

1. Das Fleisch der Hasenkeule in große Würfel schneiden, die Knoblauchknollen halbieren, Karotten und Schalotte schälen bzw. putzen und kleinschneiden.

2. Alle Zutaten (außer Filets, Blut, Butter, Olivenöl und Salz) in eine Schüssel geben und das Fleisch zwei Tage beizen.

3. Das Fleisch mit der Marinade und den Zutaten 1 Stunde kochen. Das Fleisch aus der Beize heben und den Fond auf die Hälfte einkochen. Durch ein Sieb gießen und mit Hasenblut binden.

4. So viel kalte Butter einmixen, daß sich eine leicht sämige Sauce ergibt. Mit Salz und Pfeffer abschmecken. Die Hasenkeulenstücke in die fertige Sauce geben.

5. Die Hasenrückenfilets mit Salz und Pfeffer würzen und in Olivenöl auf den Punkt braten.

6. Hasenpfeffer und -filets anrichten.

K. und R. Obauer

Dazu passen Polentanudeln, Quittenmark, Kastanienpüree oder Erdäpfelnidei (Rezept siehe Seite 117).

Hausmannskost

LÄNDLICHES UND DEFTIGES

Gefüllter Chinakohl mit Kapern-Senf-Sauce

Zutaten für 4 Personen

2 altbackene Semmeln oder 100 g Knödelbrot

200 ml Schlagobers

2 schlanke Chinakohlköpfe, etwa 30 cm lang

300 g faschierter Schweinsschopf

1 Ei

2 EL Senf

5 EL Kürbiskernöl

1 TL frischer gehackter Majoran

1 Msp gemahlener Kümmel

1 Knoblauchzehe

etwa 1 bis 1 1/2 l Rindsuppe

2 EL Butter

1 EL Kapern

4 EL Estragonsenf

1/8 l Crème fraîche

Salz

Pfeffer

1. Semmeln oder Knödelbrot in Schlagobers einweichen. Die Chinakohlköpfe der Länge nach bis zur Mitte einschneiden, ein paar innere Blätter herauszupfen und fein schneiden.

2. Faschiertes mit den ausgedrückten Semmeln sowie dem Ei, dem geschnittenen Chinakohl, Salz, Pfeffer, Senf, Kernöl, Majoran, Kümmel und dem geschälten und gepreßten Knoblauch vermischen.

3. Das Faschierte in die Chinakohlköpfe füllen. Die Köpfe wieder in Form bringen, in Servietten wickeln und fest binden. Die Kohlköpfe in einen passenden Topf geben und so viel Suppe zugießen, daß die Köpfe bedeckt sind. Die Butter zugeben und den Chinakohl 45 Minuten sieden lassen.

4. Die Kohlköpfe aus dem Fond heben und 10 Minuten warm stellen (noch in den Servietten ruhen lassen).

5. Für die Sauce 1/4 Liter Kohlsud abmessen und mit Kapern, Estragonsenf und Crème fraîche mit dem Stabmixer pürieren.

6. Die Kohlköpfe aus den Servietten nehmen, in Stücke schneiden und mit der Sauce in Suppentellern servieren.

Hühnertascherln mit Paradeisersauce

Zutaten für 4 Personen

250 g glattes Mehl

1 ausgelöste Hühnerbrust ohne Haut (2 Filets)

2 Jungzwiebeln

gestoßener schwarzer Pfeffer

etwas frischer gehackter Majoran

ein paar frische gehackte Minzeblätter

1 EL Maiskeimöl

2 EL Weißwein

4 Tomaten

1 TL Zucker

1 Prise Cayennepfeffer

Pfeffer

Salz

Für die Marinade:

2 bis 3 Korianderkörner

2 EL Estragonessig

2 EL Balsamicoessig

4 EL Maiskeimöl

Saft von 1/2 Zitrone

1 Prise Zucker

Salz

1. Das Mehl mit 1/8 Liter kaltem Wasser zu einem sehr festen Teig kneten (ähnlich fest wie Strudelteig).

2. Hühnerbrust und Jungzwiebeln kleinschneiden, mit gestoßenem schwarzen Pfeffer, Majoran, Minze, Salz, Maiskeimöl und Weißwein vermischen.

3. Den Teig dünn ausrollen und Scheiben von 12 cm Durchmesser ausstechen. Die Teigscheiben mit Wasser bestreichen, mit Fülle belegen und zu halbmondförmigen Tascherln zusammenfalten. Die Ränder zusammendrücken und übereinanderfalten („krendeln", wie Kärntner Kasnudeln, Rezept Seite 202).

4. Die Tomaten kreuzweise einschneiden, kurz überkochen und eiskalt abschrecken. Häuten, entkernen, das Innere durch ein Sieb drücken und die Kerne entfernen. Das Tomatenfleisch mit dem Saft aus dem Tomateninneren, Salz, Zucker und Cayennepfeffer pürieren. Leicht erwärmen.

5. Die Tascherln in kochendes Salzwasser legen und etwa 5 Minuten sieden.

6. Für die Marinade den Koriander im Mörser zerstoßen. Alle Zutaten miteinander verrühren.

7. Die Paradeisersauce auf Teller geben, die Tascherln darauf anrichten und mit Marinade beträufeln.

K. und R. Obauer

Statt Hühnerfleisch eignet sich für dieses Gericht auch Schweinsfilet oder Fleisch wie für Kalbsschnitzel.

Erdäpfelgulasch mit Braunschweiger Wurst

Zutaten für 6 Personen

350 g Braunschweiger (oder eine andere würzige, feste Wurst)

500 g festkochende Erdäpfel (z.B. Sieglinde)

4 große Zwiebeln

2 EL Schmalz

1/2 EL Kristallzucker

4 Knoblauchzehen

3/4 l Rindsuppe

5 gehäufte EL Paprikapulver (edelsüß)

1 Msp Cayennepfeffer

1 Prise Kümmel

1 Lorbeerblatt

1/4 l Sauerrahm

evtl. Maisstärke

1 Schuß Essig

1 bis 2 EL frischer gehackter Majoran

Salz

Pfeffer

1. Die Erdäpfel schälen und in große Würfel schneiden. Die Zwiebeln schälen und in kleine Würfel schneiden.

2. Die Zwiebeln in Schmalz anschwitzen, Kristallzucker und geschälten und gepreßten Knoblauch einrühren. Mit der Suppe aufgießen und Paprikapulver, Cayennepfeffer, Kümmel und Lorbeerblatt unterrühren, eventuell auch einen Stengel vom Liebstöckel. Wenn vorhanden, kann man einen Teil der Suppe durch Einlegeflüssigkeit von Essiggurken ersetzen.

3. Die Erdäpfel einrühren, Salz und Pfeffer zugeben und die Erdäpfel fast weich kochen.

4. Die Braunschweiger in dicke Scheiben schneiden und zugeben. Noch 5 Minuten köcheln lassen. Wenn nötig, den Schmorsud mit ein wenig in Wasser angerührter Maisstärke leicht binden (abhängig von der Bindekraft der Erdäpfeln). Einen Schuß Essig und viel frischen Majoran einrühren.

5. Das Erdäpfelgulasch mit Sauerrahm servieren.

K. und R. Obauer

Für das Erdäpfelgulasch kann man auch eine andere Wurst nehmen. Sie sollte allerdings fest und würzig sein, so wie Speckwurst oder Leberkäse.

Linseneintopf mit Hühnerbügerln

Zutaten für 4 Personen

500 g grüne Linsen
2 Zwiebeln
1/4 Sellerieknolle
4 Schwarzwurzeln
300 g Kürbis (am besten Hokkaido-Kürbis)
150 g Selchfleisch oder Speck
3 EL Butter
9 Knoblauchzehen
1 EL Kristallzucker
60 ml Balsamicoessig
3/4 l Hühnersuppe oder Rindsuppe
evtl. etwas Maisstärke
1 TL frischer gehackter Majoran
1 TL frischer gehackter Rosmarin
1 Prise gemahlener Kümmel
1/2 Lorbeerblatt
4 Hühnerbügerl
ein wenig Erdnußöl
1 Rosmarinzweig
1 Salbeiblatt
Salz
Pfeffer

1. Die Linsen in kaltem Wasser etwa 1 Stunde einweichen.

2. Zwiebeln und Sellerie schälen und in kleine Würfel schneiden. Die Schwarzwurzeln schälen und in 1 cm lange Stücke schneiden. Den Kürbis schälen und in große Würfel schneiden. Selchfleisch oder Speck in kleine Würfel schneiden.

3. Die Zwiebeln in Butter anschwitzen. 3 Knoblauchzehen schälen, pressen und zugeben. Den Zucker einrühren, mit Balsamicoessig ablöschen und mit Hühnersuppe oder Rindsuppe aufgießen.

4. Die Linsen abseihen. Linsen und Gemüse in die Suppe geben und 1/4 Stunde köcheln lassen. Wenn nötig, die Flüssigkeit mit wenig in Wasser angerührter Maisstärke binden.

5. Majoran, Rosmarin, gemahlenen Kümmel und 1/2 Lorbeerblatt einrühren. Die Linsen etwa 1/2 Stunde zugedeckt stehen lassen.

6. Das Backrohr auf 220 Grad vorheizen. Die Haut der Hühnerbügerl am dünnen Ende rundum bis zum Knochen einschneiden – die Haut zieht sich dann beim Braten zusammen und das Fleisch gart besser. Die Hühnerbügerl salzen, pfeffern und mit ein wenig Erdnußöl beträufeln.

7. Die Hühnerbügerl zusammen mit den restlichen ungeschälten Knoblauchzehen, Rosmarinzweig und Salbeiblatt in einen Schmortopf geben. Im vorgeheizten Rohr etwa 25 Minuten ohne Deckel braten.

8. Die Linsen nochmals erwärmen und mit den Hühnerbügerln servieren.

Bohneneintopf mit Selchfleisch

Zutaten für 4 Personen

- 180 g getrocknete Bohnen (am besten Käferbohnen bzw. Pferde- oder Ackerbohnen)
- 500 g Selchfleisch
- 3 große Zwiebeln · 10 Knoblauchzehen
- 6 Shiitake-Pilze
- 5 Tomaten · 2 Selleriestangen
- 1 getrocknete Chilischote
- 1/8 l Olivenöl
- 1 Lorbeerblatt · etwas Bohnenkraut
- 50 g Salami (dicke Scheiben)
- 1/2 l Rindsuppe
- 1 Schuß Essig (am besten Sherryessig)
- 1 bis 2 TL frischer gehackter Majoran
- Salz · Pfeffer

1. Die Bohnen über Nacht in Wasser einweichen.

2. Das Selchfleisch in Streifen, Scheiben oder Würfel schneiden. Die Zwiebeln schälen und grob schneiden. Knoblauch schälen und wie die Pilze blättrig schneiden. Die Tomaten vierteln, Stangensellerie und Chilischote kleinschneiden.

3. Die Bohnen abseihen. Das Selchfleisch mit dem Knoblauch in Olivenöl anschwitzen. Bohnen, Zwiebeln, Tomaten, Sellerie, Chilischote, Lorbeerblatt, Bohnenkraut und Salami zugeben. So viel Rindsuppe zugießen, daß die Flüssigkeit doppelt so hoch wie die festen Zutaten im Topf steht. Den Eintopf etwa 1 Stunde köcheln lassen.

4. Die Pilze zugeben. Den Eintopf mit Salz, Pfeffer und Essig abschmecken. Mit frischem Majoran bestreut servieren.

Bauernkrapfen

Zutaten für 4 bis 6 Personen

Für den Teig:
1/4 l Wasser
1/4 l Milch
1 Prise Salz
1 EL Öl
250 g glattes Mehl
250 g Roggenmehl

Für die Fülle:
300 g mehlige Erdäpfel
1 kleine Zwiebel oder 3 Schalotten
200 g Selchfleisch
50 g fetter Speck
ein paar Schnittlauchhalme
3 Petersilienstengel
1 Majoranzweig
1 Rosmarinzweig
1 bis 2 EL Butter
100 g Sauerkraut
Backfett oder Schmalz
Salz
Pfeffer

1. Für den Teig Wasser, Milch, Salz und Öl in einem Topf aufkochen. Das Mehl sofort zugeben und die Masse unter ständigem Rühren zu einem Teig vermischen. Vom Herd nehmen und den Teig auf einer bemehlten Arbeitsfläche gut durchkneten. Den Teig in Frischhaltefolie einschlagen und auskühlen lassen.

2. Für die Fülle die Erdäpfel kochen, schälen und mit einer Gabel zerdrücken. Die Zwiebel schälen und fein hacken. Selchfleisch und Speck in kleine Würfel schneiden. Die Kräuter waschen, trockentupfen und hacken.

3. Zwiebel und Fleisch in Butter anschwitzen, salzen und pfeffern. Die Kräuter unterrühren. Das Sauerkraut ausdrücken und gut unter das Fleisch mischen. Eventuell nachwürzen.

4. Den Teig auf einer gut bemehlten Arbeitsfläche dünn ausrollen. Mit einem glatten Ausstecher 24 Teigscheiben mit einem Durchmesser von 12 cm ausstechen. Die Hälfte der Teigscheiben mit der Fülle belegen. Den freigebliebenen Teigrand mit Wasser bestreichen, die restlichen Teigscheiben darauflegen und die Ränder fest zusammendrücken.

5. Reichlich Backfett erhitzen. Die Krapfen portionsweise einlegen und schwimmend von beiden Seiten goldgelb backen. Auf Küchenpapier gut abtropfen lassen.

K. und R. Obauer

Als Beilage paßt rohes Sauerkraut, das man mit Kürbiskernöl und Balsamicoessig mariniert, mit einem geriebenen Apfel vermischt und mit Schnittlauch bestreut.

Gesurte Truthahnbrust mit Sauerkrautfülle

Zutaten für 4 Personen

4 Schnitzel von der Truthahnbrust à 150 g, nicht geklopft
2 Karotten
1 Scheibe Knollensellerie
1 Knoblauchknolle
1 Gewürznelke
1/2 Zwiebel
5 schwarze Pfefferkörner
5 Korianderkörner
1 EL brauner Zucker
20 g Salz
1 Lorbeerblatt
1 Schweinsnetz
Schweineschmalz zum Braten
Für die Fülle:
2 Scheiben Milchbrot
4 Scheiben gekochter Schinken
200 g Sauerkraut
60 ml Schlagobers
Für die Sauce:
2 Eier
1 EL Kapern
1 Rosmarinzweig
etwas scharfer Senf
1/4 l Geflügelfond oder Rindsuppe
Butter zum Binden
1 EL gehackte Petersilie
Salz · Pfeffer

1. Das Gemüse putzen und in Scheiben schneiden, die Knoblauchknolle samt Schale halbieren. Die Truthahnschnitzel mit Gemüse, Knoblauch, den Gewürzen, Zucker, 1 Liter Wasser und dem Salz in einem engen Gefäß einsuren. Das Fleisch zugedeckt 1 Tag im Kühlschrank durchziehen lassen.

2. Für die Fülle das Milchbrot in Würfel, den Schinken in Streifen schneiden. Sauerkraut, Milchbrot und Schinken mit Schlagobers vermischen.

3. Die Truthahnschnitzel aus der Sur heben und trockentupfen. Die Schnitzel mit der Fülle belegen und zusammenfalten. Jedes Schnitzel mit einem Stückchen Lorbeerblatt belegen und in ein Stück Schweinsnetz einschlagen.

4. Das Backrohr auf 220 Grad vorheizen. Die gefüllten Schnitzel mit der Verschlußseite nach oben in Schmalz anbraten. Im vorgeheizten Backrohr in 12 bis 15 Minuten fertig braten.

5. Für die Sauce die Eier hart kochen, schälen und klein schneiden. Kapern und Rosmarinnadeln hacken.

6. Geflügelfond oder Rindsuppe erwärmen und Kapern, Rosmarin und Senf einrühren. So viel kalte Butter unterrühren, daß die Sauce leicht gebunden ist. Die Eier zugeben. Die Sauce salzen, pfeffern und die Petersilie einrühren.

7. Das Fleisch mit der Sauce servieren. Als Beilage passen gedämpfte Erdäpfel.

Gesurte Kalbszüngerln mit Bratäpfeln

Zutaten für 4 Personen

2 Karotten

1 Petersilienwurzel

4 Champignons

1 Zwiebel

2 gesurte Kalbszüngerln, fertig gesurt beim Fleischhauer kaufen oder nach Rezept auf Seite 189 suren

6 Korianderkörner

1 Prise getrocknetes Bohnenkraut

1 TL frischer kleingehackter Ingwer

2 Nelken

5 Pfefferkörner

1 Lorbeerblatt

1/2 l Rotwein

1 TL Zucker

Butter zum Binden der Sauce

4 Äpfel (Lederäpfel)

evtl. 4 EL Kartoffelpüree

4 Scheiben Hamburgerspeck

etwas Entenfett oder Schweineschmalz zum Braten

60 ml Apfelmost

Salz

1. Karotten, Petersilienwurzel, Champignons und Zwiebel schälen bzw. putzen. Zusammen mit Koriander, Bohnenkraut, Ingwer, Nelken, Pfefferkörnern und Lorbeer in kaltem Wasser aufsetzen und etwa 2 Stunden kochen, die Spitzen der Zungen müssen weich sein.

2. Die Kalbszungen aus dem Fond heben, kalt abschrecken und die Haut abziehen.

3. Wein und Zucker so lange kochen, bis die Flüssigkeit auf etwa 1/8 Liter eingekocht ist.

4. Die Petersilienwurzel schälen und in Scheiben schneiden. Zusammen mit 1/4 Liter Kalbszungenfond zum Wein geben und mit dem Stabmixer pürieren. So viel kalte Butter einmixen, daß eine sämige Sauce entsteht. Die Zungen der Länge nach halbieren, in die Sauce legen und darin ziehen lassen.

5. Das Backrohr auf 190 Grad vorheizen. Von den Äpfeln die Kerngehäuse ausstechen, den Hohlraum eventuell mit Erdäpfelpüree füllen. Die Äpfel mit Speckscheiben umwickeln, in eine Bratpfanne mit ein wenig Entenfett stellen und im vorgeheizten Rohr eine halbe Stunde braten, dabei mehrmals mit Apfelmost begießen.

6. Die Sauce vor dem Servieren noch einmal kurz mixen. Die Kalbszüngerln mit Sauce und Bratäpfeln servieren.

Gesurter Schweinsschopf

Zutaten für 4 Personen

4 Schnitzel vom Schopfbraten à 180 g
Zutaten für die Sur (siehe Seite 189)
2 bis 3 TL Senf
Mehl zum Bestäuben
2 EL Schmalz
1/8 l dunkles Bier
1/8 l Suppe, evtl. etwas mehr
2 EL Butter
1 Prise gemahlener Kümmel
Salz
Pfeffer

1. Die Schnitzel klopfen und wie die Truthahnbrust suren (siehe Seite 189; jedoch nur einen Tag in der Sur lassen).

2. Die Schnitzel aus der Sur nehmen und trockentupfen. Auf einer Seite dünn mit Senf bestreichen und mit der Senfseite durch Mehl ziehen.

3. Das Schmalz erhitzen und die Schnitzel auf der bemehlten Seite anbraten. Wenden und auch auf der anderen Seite kurz anbraten. Die Schnitzel aus der Pfanne heben.

4. Den Bratensatz leicht mit Mehl bestäuben, Bier und ein wenig Suppe zugießen. Butter, Salz, Pfeffer und Kümmel einrühren.

5. Die Schnitzel in die Sauce legen, die Pfanne zudecken und die Schnitzel etwa 5 Minuten in der Sauce ziehen lassen.

6. Die Schnitzel mit der Sauce servieren. Als Beilagen passen Bierrettich, Erdäpfelknödel oder Nudeln.

Geschmorte Schweinebackerln

Zutaten für 4 Personen

8 Schweinebackerln
2 EL Schweineschmalz
5 EL Olivenöl
1 TL Kümmel
1 Zweig Beifuß
ein paar zerstoßene schwarze Pfefferkörner
einige Salbeiblätter
1 Rosmarinzweig
3 Knoblauchzehen
1/4 l dunkles Bier
Salz

1. Das Schmalz in einem schweren Schmortopf schmelzen, den Topf vom Feuer nehmen und die Schweinebackerln ins Schmalz legen.

2. Das Olivenöl mit Kümmel, kleingehackten Beifußblättern, Salz, zerstoßenen Pfefferkörnern, gehackten Salbeiblättern, fein gewiegtem Rosmarin, geschälten und gehackten Knoblauchzehen vermischen und zu den Schweinebackerln in den Topf geben. Mit den Händen alles gut vermischen. Mindestens 2 Stunden durchziehen lassen.

3. Das Backrohr auf 200 Grad vorheizen. Den Topf zugedeckt hineinstellen. Die Schweinebackerln nach einer halben Stunde mit Bier und ein wenig Wasser aufgießen. Insgesamt etwa 1 1/2 Stunden schmoren.

K. und R. Obauer

Als Beilage passen Polenta und Rahmschwammerln oder mitgeschmorte Erdäpfel, die nach einer halben Stunde in den Topf gegeben werden.

Gesottene Kalbszunge mit Okraschoten

Zutaten für 4 Personen

- 2 Kalbszungen, insgesamt etwa 700 g
- 1 Karotte
- 2 Zwiebeln
- 2 Gewürznelken
- 1 Prise gemahlener Koriander
- 1/2 Lorbeerblatt
- 1 kleines Stück Zimtstange
- 200 g Okraschoten
- 4 Fleischtomaten
- 2 Stangen Staudensellerie
- 1 rote Paprikaschote
- 150 g Champignons
- 200 g kleine festkochende Erdäpfel
- 6 EL Olivenöl
- 3 Knoblauchzehen
- 1 Msp Cayennepfeffer
- 1/2 TL Kurkuma
- 1 EL Tomatenmark
- 1/8 l Weißwein
- evtl. etwas Maisstärke
- 3 EL frische gehackte Kräuter (z.B. Kerbel, Schnittlauch, Estragon, Ysop)
- Salz
- Pfeffer

1. Die Kalbszungen in kaltem Wasser unter Beigabe der Karotte, einer geschälten Zwiebel, Gewürznelken, Koriander, Lorbeerblatt und Zimtstange zugedeckt etwa 2 1/2 Stunden köcheln lassen, bis die Zunge an der Spitze weich ist. Die Zunge aus dem Fond heben und in kaltes Wasser legen. Fond beiseite stellen.

2. Die Okraschoten mit Salzwasser waschen und der Länge nach halbieren. Die Fleischtomaten einschneiden und kurz in heißes Wasser legen. Kalt abschrecken, schälen, entkernen und vierteln. Den Staudensellerie in 2 cm lange Stücke schneiden, die Paprikaschote halbieren, entkernen und in Streifen schneiden. Die zweite Zwiebel schälen und in Spalten schneiden. Die Champignons putzen und vierteln. Die Erdäpfel schälen und in nußgroße Würfel schneiden.

3. Das Olivenöl erhitzen, Zwiebel und Erdäpfel darin anschwitzen. Restliches Gemüse, geschälten und gepreßten Knoblauch, Cayennepfeffer, Kurkuma und Tomatenmark einrühren. Den Weißwein und 1/8 Liter Kochfond zugießen. Das Gemüse 20 Minuten köcheln lassen.

4. Die Okraschoten zugeben und das Gemüse noch etwa 1 Minute köcheln lassen, mit Salz und Pfeffer abschmecken. Die Flüssigkeit wenn nötig mit ein wenig in Wasser aufgelöster Maisstärke binden.

5. Von der Zunge die Haut abziehen. Die dicken Enden parieren. Jede Zunge der Länge nach in vier Scheiben schneiden und auf dem Gemüse erwärmen.

6. Die Zunge auf Gemüse anrichten, salzen und pfeffern und mit gehackten Kräutern bestreuen.

Panierter Saurüssel mit Senfsauce und Erdäpfelsalat

Zutaten für 4 Personen

600 g ausgelöster Saurüssel (siehe Anmerkung unten)
Zutaten für die Sur (siehe Seite 189)
etwas scharfer Senf
Mehl, 2 Eier und Schwarzbrotbrösel zum Panieren
reichlich Pflanzenöl oder Schmalz zum Backen

Für die Senfsauce:
2 Eidotter
3 EL scharfer Senf
2 EL Marinade von Gewürzgurken
1 EL Sauerrahm
1 Spritzer Estragonessig
1/4 l Maiskeimöl
Salz
Pfeffer

Für den Erdäpfelsalat:
500 g festkochende Erdäpfel
1 TL Kümmel
1/2 Zwiebel
1/8 l Rindsuppe
3 EL Pflanzenöl
3 EL Estragonsenf
5 EL Hesperidenessig
Kresse zum Bestreuen
Salz
Pfeffer

1. Den Saurüssel wie Schweinebackerln suren (siehe Seite 189).

2. Den Saurüssel 1 bis 1 1/2 Stunden kochen, bis man das Fleisch mit einer Gabel leicht einstechen kann. Den Saurüssel aus dem Fond heben und auskühlen lassen. Trockentupfen und in mundgerechte Stücke schneiden.

3. Die Saurüsselstücke leicht mit scharfem Senf bestreichen. In Mehl wenden, durch die verquirlten Eier ziehen und in Schwarzbrotbrösel wenden. In Pflanzenöl oder Schmalz schwimmend backen.

4. Für die Senfsauce Eidotter, scharfen Senf, Salz, Pfeffer, Marinade von Gewürzgurken, Sauerrahm und Estragonessig mit Maiskeimöl zu sämiger Konsistenz aufmixen.

5. Für den Salat die Erdäpfel waschen und mit Kümmel und Salz kochen. Schälen und in Scheiben schneiden.

6. Die Zwiebel schälen und kleinschneiden. Mit Rindsuppe, Öl, Estragonsenf, Hesperidenessig und Pfeffer vermischen. Diese Marinade erwärmen und mit den warmen Erdäpfelscheiben vermischen. Den Salat mit Kresse bestreut servieren.

K. und R. Obauer

Saurüssel wird meist in die Sülze gegeben und ist kein übliches Handelsprodukt. Bei guten Metzgern können Sie Saurüssel aber vorbestellen und auch gleich auslösen und „sauber rasieren" lassen.

Schweinskopf-Sulz

Zutaten für 8 Personen

1/2 Schweinskopf (vom Metzger suren und nochmals durchschneiden lassen, damit er in den Topf paßt)

2 Zwiebeln

1 Gewürznelke

5 Pfefferkörner

1 Lorbeerblatt

1 Pimentkorn

1/2 Knoblauchknolle

1/2 Bund Petersilie

ein paar Blätter Liebstöckel

4 Knoblauchzehen

3 EL Sojasauce oder flüssige Suppenwürze

10 g Geleepulver

Kürbiskernöl und Apfelessig zum Beträufeln

evtl. geriebener Kren zum Bestreuen

1. Den Schweinskopf mit 1 Zwiebel, Gewürznelke, Pfefferkörnern, Lorbeerblatt, Pimentkorn und der ungeschälten halben Knoblauchknolle in kaltem Wasser aufsetzen und etwa 2 Stunden kochen.

2. Den Schweinskopf aus dem Fond heben und auskühlen lassen. Die Knochen auslösen, das Fett wegschneiden, Fleisch und Schwarten kleinschneiden. Das Backrohr auf 180 Grad vorheizen.

3. Die zweite Zwiebel schälen und mit der Petersilie und den Liebstöckelblättern kleinschneiden, die Knoblauchzehen schälen und pressen. Mit 1/2 Liter Kochfond und Sojasauce oder Suppenwürze aufkochen.

4. Geleepulver oder aufgeweichte Gelatineblätter sowie die Schweinskopfstücke einrühren. Die Masse in eine Terrinen- oder Kastenform füllen, ins vorgeheizte Rohr geben und im Wasserbad etwa 1/2 Stunde pochieren. Die Sulz abkühlen lassen und etwa 1 Tag kühl stellen.

5. Die Sulz vor dem Servieren in Scheiben schneiden und mit Kernöl und Apfelessig beträufeln. Eventuell auch mit geriebenem Kren und/oder in Essig-Zucker-Wasser gekochten Zwiebelstreifen bestreuen.

K. und R. Obauer

Die Sulz kann man sehr gut einfrieren.
Sie können sie auch zum Aperitif reichen.
Dafür die Sulz in kleine Würfel schneiden
und auf Zahnstocher spießen.

Schweinshaxerl-Nudeln mit Gerstelkraut

Zutaten für 4 Personen

Für den Teig:

350 g Hartweizengrieß

150 g glattes Mehl

4 Eier · 3 Dotter

1 TL Olivenöl · Salz

Für die Fülle:

4 geputzte Schweinshaxerln

2 bis 3 EL Schmalz

2 Karotten · 1/4 Sellerieknolle

2 EL Butter

1/2 Knoblauchknolle

2 Stengel Bohnenkraut

2 Wacholderbeeren

1 kleine Zwiebel (oder 3 Schalotten)

1 TL Kümmelsamen

1 bis 2 TL frisches gehacktes Liebstöckel

2 Salbeiblätter

1 bis 2 Knoblauchzehen

100 g Butter für die braune Butter

Salz · Pfeffer

Für das Gerstelkraut:

1 Zwiebel

1 EL Rollgerste · 1 EL Butter

500 g Sauerkraut

1 Knoblauchzehe · 1 Lorbeerblatt

60 ml Weißwein

Salz · Pfeffer

1. Die Schweinshaxerl in 1 bis 2 EL Schmalz im Rohr bei 200 Grad knusprig braun braten.

2. Karotten und Sellerie schälen und in gleich große Stücke schneiden. 1 EL Butter und 1 EL Schmalz in einem großen Topf erhitzen. Gemüse, die ungeschälte Knoblauchknolle, Bohnenkraut und Wacholderbeeren darin anbraten.

3. Die Haxerl dazugeben. So viel Wasser zugießen, daß die Haxerl knapp bedeckt sind. Auf kleiner Flamme 3 bis 4 Stunden köcheln lassen. Das Fleisch muß sich leicht lösen lassen.

4. Für den Nudelteig Hartweizengrieß, Mehl, Eier, Dotter, Salz und ein wenig Olivenöl gut vermischen und zu einem glatten Teig verkneten, eventuell mit den Knethaken der Küchenmaschine. Den Teig etwa 1/2 Stunde ruhen lassen.

5. Das Fleisch aus dem Fond heben, auskühlen lassen, von den Knochen lösen und in kleine Würfel schneiden.

6. Die Zwiebel schälen, fein hacken und in 1 EL Butter anschwitzen. Das Fleisch zugeben, gut vermischen und mit Salz, Pfeffer, Kümmel, Liebstöckel, Salbei und geschältem und zerdrücktem Knoblauch würzen.

7. Den Nudelteig auf einer bemehlten Arbeitsfläche dünn ausrollen und in zwölf 8 x 12 cm große Rechtecke schneiden. Die Fülle in die Mitte der Teigblätter setzen. Die Ränder mit Wasser bestreichen, den Teig zusammenklappen und an den Rändern festdrücken.

8. Für das Gerstelkraut die Zwiebel schälen, fein hacken und mit den Graupen in 1 EL Butter anschwitzen. Kraut, geschälten und blättrig geschnittenen Knoblauch und Lorbeerblatt zugeben und Weißwein sowie ein wenig Haxerlfond aufgießen. Das Kraut in etwa 1/2 Stunde zugedeckt weich kochen, eventuell nachwürzen.

9. Die Schweinshaxerl-Nudeln in etwa 5 Minuten in leicht gesalzenem Wasser bißfest kochen. Abtropfen lassen und in brauner Butter schwenken. Liebstöckel in feine Streifen schneiden und zusammen mit eventuell übriggebliebener Fülle unter das Kraut mischen. Die Nudeln mit Gerstelkraut anrichten.

Weizentascherln mit Schweinefleisch und Chinakohl

Zutaten für 4 bis 6 Personen

300 g Schweinsschopf
700 g Chinakohl
1 Jungzwiebel
2 unbehandelte Zitronen
1 TL fein gehackter frischer Ingwer
3 EL Maiskeimöl
2 Knoblauchzehen
1 Spritzer Sojasauce
Öl zum Braten
Für den Teig:
300 g glattes Mehl
1 Spritzer Maiskeimöl
Für die Sauce:
3 EL Balsamicoessig
3 EL Reisessig
3 EL Kürbiskernöl
3 EL Erdnußöl
3 EL Sojasauce
1 EL kleingeschnittener Ingwer

1. Das Mehl mit 1/4 Liter kochendem Wasser zu einem sehr festen, elastischen Teig kneten. Die Konsistenz soll die einer Knetmasse sein; die Menge des Wassers hängt von den Eigenschaften des Mehls ab. Vorerst also ein bißchen weniger Wasser zugeben und nach und nach so viel Wasser einarbeiten, daß der Teig die gewünschte Konsistenz annimmt. Am Schluß des Knetvorganges einen Spritzer Maiskeimöl einarbeiten. Den Teig etwa 1/2 Stunde ruhen lassen.

2. Den Schweinsschopf faschieren. Den Chinakohl putzen. 200 g Kohl in breite Streifen schneiden. Die Jungzwiebel putzen und kleinschneiden. Die Zitronenschalen abreiben. Faschiertes mit Chinakohl, Ingwer, Öl, Zitronenschale, geschältem und gepreßtem Knoblauch, Sojasauce und Jungzwiebel vermischen.

3. Den Teig wie Nudelteig ausrollen und daraus Scheiben von 10 cm Durchmesser ausstechen (der Teig reicht für etwa 20 Tascherl). Auf jedes Teigstück einen Löffel Fülle setzen und den Teig zu Tascherln falten. Die Ränder zusammendrücken oder eindrehen (wie bei den Kärntner Kasnudeln, Seite 202).

4. In eine oder mehrere Pfannen ganz wenig Öl geben, der Boden soll eben benetzt sein. Die Tascherln mit den gefalteten Rändern nach oben so in die Pfannen setzen, daß jeweils noch etwas Zwischenraum zwischen den Tascherln bleibt. So viel kaltes Wasser zugießen, daß die Tascherln bis zur Hälfte im Wasser stehen. Die Pfannen zudecken, das Wasser zum Kochen bringen und die Tascherln so lange garen, bis die Flüssigkeit völlig verdampft ist und die Tascherln am Boden zu braten beginnen.

5. Balsamicoessig, Reisessig, Kernöl, Erdnußöl und Sojasauce mit dem Ingwer verrühren.

6. Den restlichen Chinakohl grob schneiden und auf Teller geben. Die Tascherln am besten mit einer Palette vom Boden der Pfannen schaben, auf den Chinakohl setzen und mit der Sauce beträufeln.

K. und R. Obauer

Der Spritzer Öl im Teig bewirkt, daß man die gefüllten Tascherln tiefkühlen kann, ohne daß der Teig reißt.

Blutwursttascherln mit Gerstelkraut und Bieressig

Zutaten für 4 Personen

Für die Tascherln:	3 EL Rollgerste
400 g Nudelteig (siehe Seite 245)	1 Lorbeerblatt
400 g Blutwurst	1 Nelke
evtl. etwa 1 l Selchsuppe	5 Pfefferkörner
2 EL Schnittlauchröllchen	1 TL Kümmel
1 EL gehackter Liebstöckel	500 g Sauerkraut
Für das Gerstelkraut:	1 Erdapfel
1 kleine Zwiebel	Kürbiskernöl
1 Knoblauchzehe	Salz · Pfeffer
1 EL Schweineschmalz	Für den Bieressig:
1 TL Zucker	1/8 l Balsamicoessig
1/8 l Weißwein (Riesling)	1/16 l dunkles Bier
1/4 l Rindsuppe oder Selchsuppe	

1. Für das Gerstelkraut Zwiebel und Knoblauch schälen, die Zwiebel in kleine Würfel, den Knoblauch blättrig schneiden. Das Schmalz mit dem Zucker goldgelb anschwitzen, mit Weißwein und Rinds- oder Selchsuppe aufgießen. Die Rollgerste dazugeben und 15 Minuten sieden lassen.

2. Die Gewürze in ein Tuch binden. Sauerkraut und Gewürze zur Gerste geben und nochmals 30 Minuten köcheln lassen. Den Erdapfel fein reiben und unterrühren. Mit Salz und Pfeffer abschmecken.

3. Den Nudelteig dünn zu einem Rechteck ausrollen. Die Blutwurst in fingerdicke Scheiben schneiden. Die Hälfte des Teiges in Abständen von 4 cm mit der Wurst belegen. Die andere Teighälfte darüberschlagen. Die Tascherln ausstechen und die Ränder festdrücken.

4. Die Blutwursttascherln in Salzwasser oder Selchsuppe etwa 5 Minuten kochen.

5. Für den Bieressig Balsamicoessig und Bier vermischen. Das Gerstelkraut auf vier Teller verteilen, die Blutwursttascherln darauflegen, mit Kernöl und Bieressig übergießen und mit Schnittlauch und gehacktem Liebstöckel bestreuen.

K. und R. Obauer

Statt Blutwurst kann man für diese Tascherln auch sehr gut Schweinshaxerl verwenden (siehe Seite 196).

Kasnocken

Zutaten für 4 Personen

300 g glattes Mehl

3 Eier

1 Prise geriebene Muskatnuß

etwas Milch

100 g Bergkäse

50 g Tilsiter

50 g Gruyère

4 EL Butter

1 bis 2 EL Schnittlauchröllchen

1 bis 2 TL frisches gehacktes Liebstöckel

Salz

Pfeffer

1. Mehl, Eier, geriebene Muskatnuß und einen Schöpfer Milch mit einem Kochlöffel zu einem eher festen Teig schlagen, der Teig muß sich ziehen wie Kaugummi.

2. Den Käse reiben.

3. Den Teig mit dem Spätzlehobel in kochendes Salzwasser eintropfen. Die Nocken ein paar Minuten kochen, bis sie nach oben steigen, und abseihen.

4. 2 Schöpfer Kochwasser und 1 Schöpfer Milch erhitzen. Den Käse darin schmelzen und mit den Nocken verrühren.

5. Die Butter bis zu leichter Braunfärbung erhitzen. Die Kasnocken in Suppenteller geben, mit brauner Butter beträufeln und mit Schnittlauch und Liebstöckel bestreuen. Eventuell salzen und pfeffern.

Kaspreßknödel

Zutaten für 4 Personen

4 altbackene Semmeln (oder 200 g Knödelbrot)

2 Eier

1/8 l Mich

100 g Tilsiter-Käse

100 g Graukäse

1 Zwiebel

1 Prise geriebene Muskatnuß

1 TL Mehl

1 bis 2 EL Schnittlauchröllchen

1 bis 2 TL frisches gehacktes Liebstöckel

1 l Rindsuppe

Butter und Öl zum Braten

Salz

Pfeffer

1. Die Semmeln in kleine Würfel schneiden. Eier und Milch mit einer Gabel verquirlen. Tilsiter und Graukäse in kleine Würfel schneiden. Die Zwiebel schälen, kleinschneiden und in etwas Butter anschwitzen.

2. Die Semmelwürfel mit Käse, Zwiebel, Salz, Pfeffer, geriebener Muskatnuß und 1 TL Mehl vermischen. Mit der Eiermilch übergießen und durchmischen. Die Masse zusammendrücken und ruhen lassen.

3. Aus der Masse Laibchen formen. In halb Butter, halb Öl 2 bis 3 Minuten braten, bis die Unterseite schön braun ist. Die Laibchen wenden und auf der anderen Seite zugedeckt ebenfalls 2 bis 3 Minuten braten.

4. Die Suppe erhitzen und in Teller schöpfen. Die Kaspreßknödel einlegen, mit Schnittlauch und Liebstöckel bestreut servieren.

K. und R. Obauer

Noch interessanter werden die Kaspreßknödel, wenn man eine Handvoll junger Brennesselblätter überkocht, kleinschneidet und in die Knödelmasse mischt.

Kärntner Kasnudeln

Zutaten für 6 Portionen

Für den Teig:

300 g glattes Mehl

100 g Butter

150 g Sauerrahm

1/2 EL Essig

Für die Fülle:

400 g Topfen (20 g Fettgehalt)

2 Erdäpfel

Kerbel

Minze

Sauerampfer

1 Zehe Knoblauch

1 Spritzer Essig

Salz

Pfeffer

Außerdem:

1 Ei zum Bestreichen des Teiges

ca. 1/8 Butter zum Beträufeln der Nudeln

1. Für den Teig alle Zutaten verkneten (die Butter sollte dabei Zimmertemperatur haben). Teig in Folien einschlagen und ca. 1/2 Stunde kühl rasten lassen.

2. Für die Fülle Erdäpfel kochen und schälen. Kräuter hacken (jeweils ca. 15 g). Knoblauch pressen. Alle Zutaten mit einer Gabel zerdrücken und gut vermischen.

3. Teig auf einer bemehlten Fläche messerrückendick ausrollen. Scheiben von ca. 7 cm Durchmesser ausstechen. Jede Teigscheibe mit einem Löffel Fülle belegen. Teigränder mit verquirltem Ei bestreichen. Teig zu Tascherln falten. Ränder zusammendrücken oder „krendeln" (oberen und unteren Rand an einem Ende beginnend zusammendrücken und übereinanderfalten, so daß eine zopfartig geflochtene Verdickung entsteht).

4. Nudeln in Salzwasser ca. 5 Minuten köcheln.

5. Butter schmelzen und bis zur leichten Braunfärbung erhitzen.

6. Nudeln auf Teller geben, mit brauner Butter beträufeln und eventuell mit frischen Kräutern bestreuen.

K. und R. Obauer

Wenn die Kasnudeln nach der Vorbereitung nicht gleich gekocht werden sollen, lagert man sie am besten auf einem bemehlten Holzbrett. Nicht auf Glas oder Kunststoff legen, weil sie davon schon nach kurzer Zeit nur noch schwer zu lösen sind.

Hascheeknödel mit Speckwurst und Rübenkraut

Zutaten für 4 Personen

gekochtes Rindfleisch und gebratenes Schweinefleisch, insgesamt etwa 250 g
1/2 Zwiebel
2 Knoblauchzehen
1 TL getrockneter Majoran
2 EL Butter
400 g Semmelwürfeln (oder 6 geschnittene, altbackene Semmeln)
1 Prise gemahlener Kümmel
evtl. etwas Steinpilzmehl
3 EL frische gehackte Kräuter (z.B. Petersilie, Kerbel, Schnittlauch)
4 EL Mehl
1 Ei
0,2 l Milch
etwa 2 l Rindsuppe
200 g Speckwurst
Salz
Pfeffer
Für das Rübenkraut:
1/2 kg Navet-Rüben
ein paar Spritzer Essig
2 EL Sauerrahm und/oder 1 EL Schotten
Salz

1. Für das Rübenkraut die Rüben schälen, fein hobeln, mit Salz und ein paar Spritzern Essig vermischen und etwa 1 Stunde durchziehen lassen.

2. Das Fleisch kleinschneiden und faschieren.

3. Die Zwiebel schälen, kleinschneiden und gemeinsam mit 2 geschälten und gepreßten Knoblauchzehen und dem Majoran in der Butter anschwitzen.

4. Faschiertes, die gedünstete Zwiebelmischung, Semmelwürfel, Salz, Pfeffer, Kümmel, eventuell ein wenig Steinpilzmehl, Kräuter und Mehl in einer großen Schüssel vermischen.

5. Die Milch aufkochen und über die Masse gießen. Das Ei einrühren. Die Masse ein wenig zusammendrücken und etwa 1/2 Stunde durchziehen lassen.

6. Mit bemehlten Händen Knödel formen. Die Knödel in Rindsuppe etwa 10 Minuten köcheln lassen.

7. Die Speckwurst in daumendicke Scheiben schneiden. Kurz bevor die Knödel fertig sind, die Speckwurst in die Suppe geben und erwärmen.

8. Das Rübenkraut ausdrücken und mit Sauerrahm und/oder Schotten vermischen.

9. Die Hascheeknödel aus der Suppe heben und mit Rübenkraut servieren.

K. und R. Obauer

Statt Rübenkraut paßt auch Sauerkraut als Beilage zu den Hascheeknödeln. Die Knödel können auch in der Suppe serviert werden. In diesem Fall kann man auf eine Beilage verzichten.

Gefüllte Erdäpfelknödel mit Rettich- oder Spargelsalat

Zutaten für 6 Personen

- 150 g gekochtes Rindfleisch
- 150 g gekochtes Selchfleisch
- 1 Zwiebel
- evtl. ein paar gehackte Grammeln
- 2 EL Butter
- 1 bis 2 TL frische gehackte Majoranblätter
- 500 g mehlige Erdäpfel
- 160 g glattes Mehl
- 1 Ei
- 2 EL zerlassene Butter
- 1 Prise geriebene Muskatnuß
- etwas frischer gehackter Liebstöckel zum Bestreuen
- Salz
- Pfeffer

Für den Rettichsalat:
- 2 schwarze Rettiche (oder Bierrettich)
- 1 Schuß Essig
- 2 EL Sauerrahm
- Salz

Für den Spargelsalat:
- 1 Bund Spargel
- 1 Ei
- 1 Schuß Apfelessig
- 3 bis 4 EL Erdnußöl
- 3 EL frische gehackte Kräuter (z.B. Kresse, Basilikum, Origano, Kerbel)
- etwas Kristallzucker · Salz

1. Die Zwiebel schälen und zusammen mit dem Rindfleisch und dem Selchfleisch kleinschneiden. In Butter anschwitzen, eventuell auch die Grammeln zugeben und den Majoran unterrühren. Die Masse erkalten lassen.

2. Die Erdäpfel in der Schale kochen, schälen und noch warm durch die Kartoffelpresse drücken. Mit Mehl, Ei, zerlassener Butter, Muskatnuß, Salz und Pfeffer zu einem Teig kneten.

3. Den Teig zu einer Rolle von etwa 5 cm Durchmesser formen und in 5 mm dicke Scheiben schneiden. Die Scheiben in der hohlen Hand ein wenig flachdrücken und mit der Fülle belegen. Den Teig über die Fülle schlagen und zu Knödeln formen.

4. Die Knödel in Wasser oder in Suppe etwa 8 Minuten köcheln lassen, nach Belieben dem Kochwasser eine Speckschwarte beigeben. Die Knödel herausheben und auf Tellern anrichten. Mit brauner Butter oder – noch besser – mit Schweinsbratensaft beträufeln und mit gehacktem Liebstöckel bestreuen.

5. Für den Rettichsalat die Rettiche schälen, fein reiben, salzen und etwa 1/4 Stunde durchziehen lassen.

6. Die Flüssigkeit abgießen, den geriebenen Rettich ausdrücken und mit Essig und Sauerrahm vermischen.

7. Für den Spargelsalat den Spargel schälen, die harten Enden wegschneiden. Den Spargel in leicht gesalzenem und gezuckertem Wasser garen. Aus dem Kochwasser heben, mit kaltem Wasser abschrecken und in 4 cm lange Stücke schneiden.

8. Das Ei hartkochen, schälen und reiben. 1/8 Liter Spargelkochwasser abmessen und mit geriebenem Ei, Apfelessig, Erdnußöl, 1 TL Zucker und viel frischen Kräutern verrühren.

9. Die Marinade mit den Spargelstücken vermischen.

Süßes

DESSERTS, MEHLSPEISEN UND SÜSSE SCHMANKERL

Bananenmus

Zutaten für 10 Personen

3 Bananen

Saft von 2 Zitronen

200 ml Milch

250 g Topfen (10 % Fettgehalt)

1/4 l Sauerrahm

50 g Staubzucker

5 Blätter Gelatine

2 bis 3 cl Kokoslikör

1/2 l Schlagobers

4 Kiwis oder 2 Mangos

evtl. Vanilleeis

1. Bananen, Zitronensaft und Milch im Mixer pürieren. Topfen, Sauerrahm und Staubzucker mit dem Bananenpüree glattrühren.

2. Die Gelatine in kaltem Wasser einweichen, ausdrücken und in ein wenig erwärmtem Kokoslikör auflösen.

3. Das Schlagobers steif schlagen. Das Bananenmus mit der aufgelösten Gelatine verrühren und das Schlagobers unterheben. Das Mus in eine Schüssel füllen und kühlen.

4. Das Bananenmus portionsweise ausstechen und mit pürierten Kiwis oder Mangos, eventuell auch mit Vanilleeis servieren.

Dörrpflaumen mit Parisercreme

Zutaten für 8 Personen

Schale von je 2 unbehandelten Orangen und Zitronen

Mark von 3 Vanilleschoten

1 kleines Stück Zimtstange

3 Gewürznelken · 3 Pfefferkörner

3 Pimentkörner · 5 Fenchelkörner

1 frischer Rosmarinzweig

100 g brauner Zucker

1 l Rotwein (am besten Blauer Portugieser)

60 ml Armagnac

60 ml Amaretto

60 ml Likör von Schwarzen Ribiseln (Cassis)

50 große Dörrpflaumen

1 TL Maisstärke oder Pfeilwurzelmehl

Für die Parisercreme:

1/2 l Schlagobers

300 g bittere Kuvertüre

1. Zubereitung der Dörrpflaumen: Alle Zutaten außer Dörrpflaumen und Maisstärke oder Pfeilwurzmehl kurz aufkochen. Die Flüssigkeit durch Einrühren von in Wein angerührter Maisstärke oder Pfeilwurzelmehl leicht binden. Über die Dörrpflaumen gießen. In ein Einweckglas oder ein Glas mit Schraubverschluß füllen und zehn Tage im Keller durchziehen lassen.

2. Für die Parisercreme die Kuvertüre mit ungeschlagenem Schlagobers in einem kleinen Topf oder einer kleinen Schüssel über Dampf schmelzen. Vom Dampf nehmen und so lange rühren, bis die Masse abgekühlt ist.

3. Die Dörrpflaumen samt Saft in kleine Schüsseln geben. Die Parisercreme mit einem Teelöffel in Form von Nockerln ausstechen und auf die Dörrpflaumen setzen.

Hollerkoch

Zutaten für 1 Liter

300 g Holunder
300 g Zwetschken
150 g Äpfel
1/8 l Hollerlikör (Rezept siehe Seite 253)
4 cl Mandellikör
1/8 l Rotwein
2 Päckchen Vanillezucker
2 EL Kristallzucker
1 Msp Zimt
2 Gewürznelken
1 Msp Kardamom
1/8 l Milch

1. Den Holunder rebeln, die Zwetschken entkernen, die Äpfel schälen und die Kerngehäuse ausschneiden.

2. Zwetschken und Äpfel kleinschneiden. Holunder mit Zwetschken, Äpfeln, Likör, Wein, Vanillezucker, Kristallzucker, Zimt, Gewürznelken und Kardamom etwa 1 Stunde köcheln lassen.

3. Auskühlen lassen und die Milch einrühren.

K. und R. Obauer

Das Hollerkoch schmeckt kalt mit Vanilleeis am besten.

Ofen-Zwetschken

Zutaten für 4 Personen

24 Zwetschken
24 geschälte Mandeln
100 g Marzipan
3 EL Butter
1 EL Schweineschmalz
2 EL Kristallzucker
Schale von 2 Limetten
2 Vanilleschoten
1/4 l Schlagobers
4 cl Mandellikör (z.B. Amaretto)

1. Die Zwetschken waschen, halb aufschneiden und die Kerne entfernen.

2. Die Mandeln mit ein wenig Marzipan umhüllen und anstelle des Kernes in die Zwetschken setzen.

3. Butter und Schmalz in einer ofenfesten Form erhitzen, die gerade so groß ist, daß alle Zwetschken nebeneinander Platz haben. Die Zwetschken mit der Öffnung nach oben hineinsetzen und mit Zucker und geriebener Limettenschale bestreuen. Die Vanilleschoten spalten und auf die Zwetschken legen. Die Zwetschken im Rohr zugedeckt bei 200 Grad 10 Minuten schmoren.

4. Die Zwetschken aus dem Rohr nehmen und abkühlen lassen.

5. Das Schlagobers steif schlagen, mit Likör verrühren. Die Zwetschken mit der Schmorflüssigkeit auf Teller geben und mit Schlagobers servieren.

Schwarzbeernocken

Zutaten für 4 Personen

500 g Schwarzbeeren
200 g glattes Mehl
etwa 200 ml Milch
2 EL Butterschmalz
1 Prise Salz
Staubzucker und Kristallzucker zum Bestreuen

1. Die Schwarzbeeren mit Mehl und einer Prise Salz vermischen. Unter ständigem Rühren so viel kochende Milch zugießen, daß eine zähe Masse entsteht.

2. In einer weiten Pfanne Butterschmalz erhitzen. Löffelweise die Nockenmasse in die Pfanne setzen und anbraten. Die Nocken wenden. Den Deckel auf die Pfanne geben und die Nocken noch ein paar Minuten braten.

3. Mit Kristallzucker und Staubzucker bestreut servieren. Als Getränk paßt dazu Milch.

Biereis

Zutaten für 10 Personen

6 Eier
1 EL Honig
100 g Kristallzucker
1/2 l dunkles Bier
1/8 l Schlagobers

1. Die Eier in Dotter und Klar trennen. Die Eidotter im Mixer mit Honig und Zucker gut schaumig rühren.

2. Das Bier aufkochen. 1 Schöpfer Bier mit der Dottermasse zügig verrühren. Diese Masse zum restlichen Bier geben und auf 78 Grad erhitzen (siehe Anmerkung unten). Den Topf in kaltes Wasser stellen und die Masse abkühlen lassen.

3. Das Schlagobers einrühren und die Masse in der Eismaschine frieren.

K. und R. Obauer

*Dazu passen Dörrpflaumen oder gebackene Apfelradeln (Rezept auf Seite 252).
Wer kein Thermometer zur Hand hat, kann auch die Probe mit dem Holzlöffel machen: Einen Holzlöffel kurz in die Eiermasse tauchen und auf die anhaftende Creme blasen. Fließt sie rosenartig auseinander, ist die Creme fertig. Die Masse auf keinen Fall zu stark erhitzen, sonst stocken die Eier.*

Kaffeepudding

Zutaten für 18 Formen à 80 ml

250 g Kristallzucker

1/2 l Kaffee

50 g Kakao

4 cl Amaretto

2 cl Orangenlikör (z.B. Grand Marnier)

1/4 l Schlagobers

1/4 l Milch

8 Dotter

6 Eier

Für den Karamel:

150 Kristallzucker

1 dl Wasser

Für die Orangensauce:

1/2 l frisch gepreßter Orangensaft

3 EL Zucker

1 Schuß Orangenlikör (z. B. Grand Marnier)

1 TL Maisstärke

1. Zuerst den Karamel zubereiten: Zucker mit Wasser so lange kochen, bis der Zucker goldbraun geworden ist. Den Karamel in die Förmchen gießen, so daß die Böden gut bedeckt sind.

2. Zucker mit Kaffee, Kakao, Amaretto und Orangenlikör erwärmen, bis der Zucker aufgelöst ist (nicht kochen lassen). Schlagobers, Milch, Dotter und Eier verquirlen. Die Eiermilch in den Kaffee rühren.

3. Die Masse in die Formen füllen und 10 Minuten stehen lassen. Die Puddinge im Rohr bei 150 Grad etwa 40 Minuten im Wasserbad pochieren. Abkühlen lassen.

4. Für die Orangensauce Saft, Zucker und Likör aufkochen. Ein wenig Maisstärke in wenig Wasser auflösen und den Saft damit leicht binden. Abkühlen lassen.

5. Die Puddinge aus den Formen stürzen und mit der Sauce servieren.

K. und R. Obauer

Das Rastenlassen der Masse ist wichtig! Durch das Rühren wird Luft eingeschlagen. Wenn man die Puddinge gleich gart, entstehen Hohlräume.

Schokomus mit Schwarzbeersauce

Zutaten für 10 Portionen

3 Eier
2 Dotter
70 g Kristallzucker
110 g Vollmilch-Kuvertüre
110 g "Mousse au Chocolat"-Schokolade (z.B. von Lindt)
1/2 l Schlagobers
Für die Sauce:
200 g Heidelbeeren
2 EL Kristallzucker

1. Eier, Dotter und Kristallzucker mit dem Mixer über Wasserdampf füllig aufschlagen. Die Masse vom Dampf nehmen und so lange weitermixen, bis die Masse dick ist.

2. Kuvertüre und Schokolade schmelzen lassen. So weit abkühlen lassen, daß sie gerade noch flüssig ist. Mit der Eiermasse vermischen.

3. Schlagobers steif schlagen. Die Hälfte vom Schlagobers kräftig unter die Schokomasse rühren, den Rest locker unterziehen. Die Masse eine gute Stunde kühl stellen.

4. Für die Sauce die Heidelbeeren mit Zucker aufkochen und durch ein Sieb passieren.

5. Das Schokomus in Nockerlform ausstechen und mit Schwarzbeersauce servieren.

Weißes Schokomus

Zutaten für 4 Personen

250 g weiße Schokolade
310 ml Schlagobers
1/4 l Milch
2 Eidotter
1 EL Kristallzucker
60 ml Eierlikör

1. Die Schokolade in kleine Stücke schneiden oder grob reiben.

2. 60 ml Schlagobers mit 1/4 Liter Milch aufkochen. Die Eidotter mit dem Kristallzucker schaumig rühren. 1 Schöpflöffel von der Milch-Obers-Mischung zu den Dottern geben und schnell verrühren. Diese Masse in die restliche Milch-Obers-Mischung geben und unter ständigem Rühren langsam auf 78 Grad (siehe Anmerkung Seite 211) erhitzen. Auf keinen Fall heißer werden lassen, weil sonst die Eier stocken.

3. Schokolade und Eierlikör einrühren. So lange rühren, bis die Schokolade geschmolzen ist. Den Topf in eiskaltes Wasser stellen und die Masse kalt rühren.

4. Restliches Schlagobers steif schlagen. Etwa 150 g von der Grundmasse unter das Schlagobers ziehen. Das Schokomus mit eingelegten oder frischen Früchten servieren.

K. und R. Obauer

Den Rest der Grundmasse kann man in einem verschlossenen Glas im Kühlschrank zwei Wochen oder mehr ohne Qualitätsverlust aufbewahren.

Biskuitroulade mit Orangencreme

Zutaten für 8 Personen

5 Eier

120 g Kristallzucker

1 Prise Salz

120 g glattes Mehl

60 ml starker Kaffee

250 g Mascarpone

150 g Sauerrahm

8 EL Orangenmarmelade

4 EL Orangenlikör (z.B. Grand Marnier)

weiße Schokolade zum Garnieren

1. Die Eier mit Kristallzucker und einer Prise Salz in einer Rührschüssel über Wasserdampf aufschlagen, bis die Masse schön füllig ist. Die Schüssel aus dem Wasserdampfbad nehmen und die Masse weiterschlagen, bis sie abgekühlt ist. Das Backrohr auf 180 Grad vorheizen.

2. Das Mehl nach und nach mit dem Kochlöffel unterheben. Die Masse fingerdick auf ein mit Backtrennpapier belegtes Blech streichen und im vorgeheizten Rohr goldbraun backen.

3. Den Biskuit aus dem Rohr nehmen und auf ein mit Zucker bestreutes Blech stürzen. Das Papier abziehen (zuvor mit einem feuchten Tuch darüberstreichen).

4. Den Biskuit mit kaltem Kaffee besprenkeln und mit Hilfe des Backpapiers zu einer Roulade formen.

5. Mascarpone und Sauerrahm mit Orangenmarmelade und Orangenlikör verrühren.

6. Den Biskuit ausrollen, mit Creme bestreichen und wieder einrollen. Auch außen mit Creme bestreichen und großzügig mit Splittern von weißer Schokolade bestreuen. Dafür mit einem Messer vom Schokoladeblock Späne abschaben.

Topfen-Zitronencreme

Zutaten für 10 Portionen

3 Blatt Gelatine

180 ml Milch

375 ml Schlagobers

3 Zitronen

350 g Topfen (20 % Fettgehalt)

100 g Staubzucker

Früchte und Beeren

Für die Sauce:

Saft von 10 Zitronen

etwa 60 ml Wasser

5 EL Kristallzucker

1 TL Maisstärke

1. Die Gelatine in Wasser einweichen, gut ausdrücken. Die Milch erwärmen und die Gelatine darin auflösen. Schlagobers steif schlagen, die Zitronen auspressen.

2. Den Topfen mit Zucker verrühren. Zitronensaft, Gelatine-Milch und die Schale von einer Zitrone einrühren. Schlagobers unterziehen und die Creme kühlen.

3. Für die Sauce den Zitronensaft mit ein wenig Wasser und Zucker verrühren. Etwas Maisstärke in wenig Wasser auflösen, zugeben und alles aufkochen, bis die Sauce leicht bindet.

4. Die Creme ausstechen und mit Zitronensauce sowie Früchten und Beeren servieren.

Apfelblattln mit Hollerkoch

Zutaten für 4 Personen

2 EL Rosinen

4 EL Portwein

2 säuerliche Äpfel

200 g Blätterteig

Staubzucker zum Bestreuen

Für den Sirup:

1/2 Orange

1/8 l Apfelsaft

1 EL Honig

1 Msp frischer kleingeschnittener Ingwer

Für das Hollerkoch:

250 g gewaschene, abgezupfte Hollerbeeren

2 säuerliche Äpfel

100 g Zwetschken

1 Päckchen Vanillezucker

2 bis 3 EL Kristallzucker (je nach Obstart)

1 Msp gemahlener Zimt

4 cl Amaretto

1. Die Rosinen in Portwein ein paar Stunden marinieren.

2. Die Äpfel waschen, schälen und die Kerngehäuse ausschneiden. Die Äpfel blättrig schneiden. Die Zwetschken waschen, entkernen und kleinschneiden. Hollerbeeren, Äpfel und Zwetschken bei kleiner Hitze etwa 1/2 Stunde kochen. Eventuell nachsüßen.

3. Für den Sirup die Orange waschen und dünn schälen. Die Schale in feine Streifen schneiden und mit den restlichen Zutaten für den Sirup etwas einkochen. Abseihen.

4. Die Äpfel waschen, schälen und die Kerngehäuse entfernen. Die Äpfel in 1/2 cm starke Spalten schneiden. Das Backrohr auf 250 Grad vorheizen.

5. Den Blätterteig ausrollen und in Rechtecke schneiden. Die Apfelspalten überlappend auf den Teig legen. Die Äpfel mit Rosinen bestreuen und mit dem Sirup bestreichen.

6. Die Apfelblattln auf ein Backblech heben und im vorgeheizten Rohr etwa 10 Minuten backen. Die Apfelblattln mit Staubzucker bestreuen und mit dem abgekühlten Hollerkoch anrichten.

K. und R. Obauer

Statt Hollerkoch kann man zu den Apfelblattln auch Zwetschken- oder Quittenobers servieren: Dafür geschlagenes Obers mit Zwetschkenmarmelade oder Quittenmus verrühren und eventuell mit ein paar Spritzern von den passenden Schnäpsen aromatisieren.

Apfelstrudel mit Sauerrahm

Zutaten für 6 bis 8 Personen

Für den Teig:	
250 g glattes Mehl	
1 bis 2 EL Öl	
1 TL Salz	
Für die Fülle:	
8 bis 10 mittelgroße, säuerliche Äpfel	
3 EL Kristallzucker	
2 EL Rosinen	
3 EL geriebene Nüsse	
Saft von 1 Zitrone	
1/2 TL gemahlener Zimt	
Für die Butterbrösel:	
50 g Butter	
60 g Semmelbrösel	
Außerdem:	
etwa 100 g flüssige Butter für die Form	
und zum Bestreichen	
250 g Sauerrahm	

1. Die Zutaten für den Teig so lange auf einem unbemehlten Brett kneten, bis sich die anfangs klebrig-zähe Masse von Brett und Händen löst und ein halbweicher, seidenglatter Teig entsteht. Den Teig mit Mehl bestreuen und in Klarsichtfolie gehüllt etwa 1/2 Stunde warm ruhen lassen.

2. Für die Fülle die Äpfel schälen, Kerngehäuse ausschneiden und die Äpfel dickblättrig schneiden. Mit den übrigen Zutaten für die Fülle vermischen. Die Fülle etwa 10 Minuten ruhen lassen.

3. Für die Butterbrösel die Butter erhitzen und die Brösel darin hell rösten.

4. Den Teig auf einem bemehlten Tuch so weit wie möglich mit einem Nudelholz ausrollen. Anschließend den Teig mit den Handrücken von der Mitte beginnend papierdünn ausziehen (die Hände dabei mit Öl benetzen, siehe Anmerkung unten) und zu einem Rechteck formen. Den Backofen auf 200 Grad vorheizen.

5. Ein Drittel des Teiges der Länge nach mit Butterbröseln bestreuen und die Fülle auf die Butterbrösel geben. Dabei am Teigrand einen etwa 10 cm breiten Rand freilassen, so daß man den Teig gut darüberschlagen kann. Die freigebliebene Teigfläche mit zerlassener Butter bestreichen, dicke Teigränder wegschneiden. Das Tuch auf der mit Fülle belegten Seite des Strudels aufheben und den Strudel zur freien Teigseite hin aufrollen. Die Teigenden zusammenpressen.

6. Eine möglichst passende, nicht zu große Backform mit Butter ausstreichen. Den Strudel mit Hilfe des Tuches in die Form legen. Den Strudel mit Butter bestreichen und im vorgeheizten Rohr 35 bis 40 Minuten backen. Während des Backens immer wieder mit Butter und dem austretenden Saft bestreichen.

7. Den Strudel nach dem Backen etwas auskühlen lassen. Mit einem Sägemesser in Portionsstücke schneiden, mit Zucker bestreuen und mit Sauerrahm servieren.

K. und R. Obauer

Beim Ausziehen des Strudelteiges müssen Türen und Fenster der Küche geschlossen sein, und es muß normale Raumtemperatur herrschen, da der Teig sonst zäh und löchrig werden kann. Die Backform sollte nicht zu groß sein, da der Strudel sonst auseinanderläuft.

Gekochter Kletzen-Mohnstrudel

Zutaten für 12 Portionen

250 g Tiefkühl-Strudelteig (2 Blätter)

Butter

Für die Fülle:

250 g Kletzen

1/4 l Weißwein

1/2 l Milch

50 g Butter

100 g Kristallzucker

50 g Honig

1 TL gemahlener Zimt

Schale von 1 unbehandelten Zitrone

Mark von 1 Vanilleschote

400 g gemahlener Mohn

150 g Brösel

Für die Eiermilch:

1/4 l Milch

50 g Zucker

20 g Vanillezucker

2 Eier

2 Dotter

60 ml Eierlikör

1. Für die Fülle die Kletzen kleinschneiden und in Wein einlegen. Die Milch mit Butter, Zucker, Honig, Zimt, Zitronenschale und Mark der Vanilleschote aufkochen. Mohn und Brösel einrühren und ein wenig kochen lassen. Die Kletzen einrühren.

2. Die beiden Strudelteigblätter dünn ausrollen. Die Fülle auf den Teigblättern verteilen. Die beiden Teigblätter einrollen, die Enden verschließen.

3. Eine ofenfeste Form mit hohem Rand (Wanne) mit Butter ausstreichen. Die Strudel einlegen und mit zerlassener Butter bestreichen.

4. Für die Eiermilch 1/8 Liter Milch erwärmen. Zucker und Vanillezucker darin auflösen. Mit der restlichen Milch Eier, Dotter und Eierlikör verrühren. Die Eiermilch unter die Zuckermilch rühren, aber nicht kochen lassen.

5. Die Strudel mit der Eiermilch begießen, sie müssen gut bedeckt sein. Die Strudel bei 200 Grad etwa 1/2 Stunde backen.

6. Die Strudel vor dem Portionieren ein wenig abkühlen lassen. Als Beilage paßt Vanilleeis.

Gugelhupf

Zutaten für 1 Gugelhupf

3 Eier

1/4 l Schlagobers

1 Päckchen Vanillezucker

250 g Kristallzucker

1/4 kg glattes Mehl

1/2 Päckchen Backpulver

3 EL Milch

3 EL Nutella

Butter und Mehl für die Form

1. Die Eier in Dotter und Klar trennen. Das Schlagobers halbfest schlagen. Unter weiterem Schlagen Zucker und Vanillezucker einarbeiten. Die Dotter einrühren. Mehl und Backpulver unterheben und die Milch zugeben.

2. Eiklar zu Schnee schlagen und unter die Masse ziehen. Ein Drittel der Masse mit Nutella verrühren.

3. Eine Gugelhupfform mit Butter ausstreichen und mit Mehl bestreuen. Zuerst die Nutella-Masse einfüllen, dann den restlichen Teig daraufgeben.

4. Den Gugelhupf bei 180 Grad etwa 1 Stunde backen.

Ovomaltine-Kuchen

Zutaten für 1 Kuchen

Für die Meringe:

2 Eiklar (50 g)

50 g Kristallzucker

50 g Staubzucker

Für den Biskuit:

6 Eier

160 g Kristallzucker

150 g Mehl

1 EL Kakao

Für den Sirup:

300 ml Wasser

4 cl Rum

4 cl Kaffee oder Eierlikör

100 g Kakao

Für die Creme:

130 g Bitterschokolade

8 cl Wasser

2 cl Eierlikör

250 g Butter

70 g Kakao

70 g Ovomaltine

6 Eidotter

60 g Kristallzucker

1/2 l Schlagobers

Johannisbeermarmelade zum Bestreichen

Mohnkuchen

Zutaten für 1 Backblech

8 Eier
150 g Staubzucker
150 g Kristallzucker
400 g gemahlener Mohn
270 g Butter

1. Für die Meringe Eiklar mit Kristall- und Staubzucker zu sehr steifem Schnee schlagen. Ein Backblech mit Backpapier auslegen, die Masse etwa fingerdick daraufstreichen und bei 60 Grad im Backrohr etwa einen halben Tag trocknen.

2. Für das Biskuit die Eier in Eiklar und Dotter trennen. Die Dotter mit Zucker sehr schaumig rühren. Die Eiklar zu steifem Schnee schlagen. Schnee abwechselnd mit Mehl und Kakao behutsam in die Dottermasse rühren. Die Masse auf einem mit Backpapier belegten Backblech verstreichen und bei 180 Grad etwa 10 Minuten backen.

3. Für den Sirup alle Zutaten aufkochen und erkalten lassen.

4. Für die Creme Bitterschokolade mit Wasser und Eierlikör erwärmen, bis die Schokolade geschmolzen ist. Butter, Kakao und Ovomaltine schaumig rühren. Die Dotter mit Zucker cremig rühren und unter die Kakaomasse heben. Die geschmolzene Bitterschokolade einrühren. Schlagobers steif schlagen und unterheben.

5. Die Meringe und den Biskuit in je drei gleichbreite Streifen schneiden. Den ersten Streifen Biskuit mit Sirup bestreichen. Die Creme darauf verstreichen und mit der Meringe belegen. Diese mit Johannisbeermarmelade bestreichen. In derselben Reihenfolge auch die restlichen Zutaten aufschichten. Mit Creme abschließen. Den Kuchen einen halben Tag kühlen.

1. Die Eier in Dotter und Klar trennen. Die Dotter mit Staubzucker schaumig rühren. Eiklar mit Kristallzucker zu steifem Schnee schlagen und mit der Dottermasse vermischen.

2. Den Mohn unterheben. 250 g Butter schmelzen (jedoch nicht zu heiß werden lassen) und in die Masse rühren.

3. Eine Wannenform mit Butter ausstreichen. Die Masse in die Form füllen und den Kuchen bei 180 Grad etwa 30 Minuten backen.

K. und R. Obauer

Diesen Kuchen kann man auch mit Apfelspalten oder Pfirsichhälften belegen.

Salzburger Nockerln

Zutaten für 4 Personen

4 cl Milch

40 g Butter

8 EL Kristallzucker

2 TL Vanillezucker

60 ml Mandelmilch oder Amaretto

8 Eiklar

2 EL griffiges Mehl

abgeriebene Schale von 1/2 unbehandelten Zitrone

6 Eidotter

60 g Marzipan

Staubzucker

1. Milch, Butter, 2 Eßlöffel Zucker, Vanillezucker und Mandelmilch auf zwei ovale Porzellanformen (30 x 15 x 4 cm) verteilen und auf der Herdplatte karamelisieren lassen.

2 Die Eiklar mit dem restlichen Zucker zu steifem Schnee schlagen. Mehl, geriebene Zitronenschale und Eidotter unter den Eischnee heben, zwei- oder dreimal kräftig umrühren.

3. Einen Teil der Nockerlmasse etwa fingerhoch in die Formen füllen. Das Marzipan in dünne Scheiben schneiden und darauf verteilen.

4. Aus der restlichen Masse mit einer Teigkarte rasch Nockerln ausstechen und in die Backformen setzen. Die Nockerln bei 190 bis 200 Grad etwa 1/4 Stunde backen.

5. Die Nockerln aus der Form ausstechen und auf Teller setzen. Mit Staubzucker bestreuen und mit Fruchtsauce, Vanillesauce und Früchten oder Kompott servieren.

Nußmakronen

Zutaten für 40 Stück

3 Eiklar

280 g Kristallzucker

Saft und Schale von 1/2 unbehandelten Zitrone

280 g gemahlene Walnüsse

40 runde Oblaten mit 4 cm Durchmesser

Für die Creme:

120 g Butter

100 g Staubzucker

100 g Kochschokolade oder Bitterschokolade

evtl. 1 Ei

Für die Glasur:

250 g Kochschokolade oder Bitter-Kuvertüre

250 g Butter

1. Die Eiklar mit Kristallzucker, geriebener Zitronenschale und Zitronensaft zu steifem Schnee schlagen. Die Nüsse unterheben.

2. Die Oblaten auf ein Backblech legen und die Makronenmasse mit einem Löffel in Häufchen auf die Oblaten geben. Bei 180 bis 200 Grad etwa 15 Minuten backen, bis die Masse innen fast trocken ist.

3. Für die Creme Butter mit Zucker schaumig rühren. Die Schokolade über Dampf oder im Mikrowellenherd weich werden lassen und unter den Butterabtrieb ziehen. Eventuell 1 Ei unterrühren.

4. Die Makronen auskühlen lassen, dann mit Buttercreme bestreichen. Die Makronen kühl stellen, bis die Creme angezogen hat.

5. Für die Glasur die Schokolade schmelzen lassen und die Butter einrühren. Die Makronen in die Glasur tunken (den Boden nicht eintunken) und trocknen lassen.

Kirschstreusel-Schnitten

Zutaten für 1 Blech von 40 x 30 cm

600 g Mürbteig (siehe Seite 247)

600 g Kirschmarmelade

250 g Vollmilch-Kuvertüre

Zutaten für den Streusel:

150 g griffiges Mehl

120 g Butter

1 EL Haselnußpaste (z.B. Nutella)

1 TL gemahlener Zimt

1 Päckchen Vanillezucker

120 g Kristallzucker · 1 Prise Salz

1. Für den Streusel alle Zutaten rasch verkneten und den Teig zerbröseln.

2. Den Mürbteig ausrollen, auf ein gefettetes Blech geben und mit einer Gabel mehrfach einstechen. Bei 180 Grad etwa 8 Minuten backen.

3. Den Teig auskühlen lassen. Mit Kirschmarmelade bestreichen und mit Streusel bestreuen. Den Kuchen ins Rohr schieben und bei 180 Grad noch etwa 20 Minuten backen. Auskühlen lassen.

4. Die Kuvertüre im Wasserbad schmelzen lassen. Ein Backblech von derselben Größe wie das Kuchenblech mit Backtrennpapier belegen. Die Kuvertüre auf das Papier streichen.

5. Den abgekühlten Kuchen mit der Teigseite nach unten auf die noch nicht gestockte Kuvertüre geben. Den Kuchen so lange auf dem Blech lassen, bis die Kuvertüre abgekühlt ist, erst dann in Streifen oder Schnitten schneiden.

K. und R. Obauer

Dieser Kuchen läßt sich luftdicht verschlossen etwa eine Woche aufbewahren, ohne daß er merklich an Qualität verliert.

Schokoladebrioche

Zutaten für 40 Scheiben

Für den Teig:

500 g Mehl

7 Eier

20 g Germ

250 g Butter

120 g Kristallzucker

1 Prise Salz

2 cl Olivenöl

Außerdem:

6 Rippen Bitterschokolade

Butter zum Bestreichen des Teiges und für die Formen

1. Alle Zutaten bis auf die Schokolade zu einem Germteig verarbeiten (siehe Seite 246). Den Germteig mit den Knethaken der Küchenmaschine etwa 10 Minuten gut kneten, er soll sich ziehen lassen. Einen Tag im Kühlschrank ruhen lassen.

2. Zwei Terrinen oder Kastenformen in der Größe von 40 x 10 x 7,5 cm mit Butter ausstreichen. Den Teig halbieren, jeweils 3 Rippen Bitterschokolade darin einschlagen und den Teig in die Formen legen. Mit geschmolzener Butter bestreichen. Den Teig an einem warmen Ort gehen lassen, bis er das anderthalbfache bis doppelte Volumen erreicht hat.

3. Die Brioche bei 170 Grad etwa 40 Minuten backen.

SÜSSES

Dampfnudeln mit Mohn

Zutaten für 4 bis 8 Personen

Für den Teig:

500 g glattes Mehl

100 g Butter

20 g Kristallzucker

1 Ei

1 unbehandelte Zitrone

20 g Germ

1/4 l Milch

1 Prise Salz

Außerdem:

250 g Butter

5 EL gemahlener Mohn

1 EL Staubzucker

1. Das Mehl mit weicher Butter, Zucker, Ei, abgeriebener Schale einer Zitrone, Germ, lauwarmer Milch und einer Prise Salz zu einem Teig schlagen. Den Teig an einem warmen Ort aufgehen lassen (am besten in einer verschlossenen Kunststoffschüssel), bis er sein Volumen verdreifacht hat. Den Teig zusammenschlagen und nochmals aufgehen lassen, bis sich das Volumen wieder verdreifacht hat.

2. Den Teig auf einer bemehlten Arbeitsfläche zu einer Rolle von etwa 3 cm Durchmesser formen. Kleine Stücke abschneiden und mit der hohlen Hand zu fingerdicken Nudeln wuzeln.

3. Die Nudeln auf ein bemehltes Blech legen, mit einem Tuch abdecken und den Teig nochmals etwa 45 Minuten gehen lassen. Dieses letzte Aufgehen ist für die Qualität der Nudeln wichtig.

4. Die Nudeln über Wasserdampf (am besten in einem Dampfgarer) 5 bis 8 Minuten garen.

5. Die Butter schmelzen. Mohn mit Staubzucker vermischen. Die Nudeln im Mohn wälzen, auf Teller geben und mit heißer Butter beträufeln. Mit Preiselbeeren, Vanilleeis oder Kompott servieren.

K. und R. Obauer

Statt Mohn kann man auch geriebene Walnüsse verwenden.
Eine besonders leckere Abwandlung der Dampfnudeln sind die Marillen-Krapferl: Den Teig fingerdick ausrollen. Mit einem Ausstecher von 10 cm Durchmesser Scheiben ausstechen. Die Hälfte davon mit halbierten, gedämpften Marillen belegen. Die Ränder mit Wasser bestreichen und mit den restlichen Teighälften belegen. Zugedeckt nochmals gehen lassen. Über Wasserdampf 10 Minuten garen. Mit Marillenmark servieren.

Reisauflauf mit Himbeerchaudeau

Zutaten für 8 Portionen
(für eine Wanne von 29 x 18 cm)

50 g Langkornreis

1/8 l Milch

1 EL Butter

3 Eier

20 g Staubzucker

20 g Kristallzucker

Semmelbrösel

Für die Schneehaube:

2 Eiklar

100 g Kristallzucker

2 EL Kokosraspeln

Für den Himbeerchaudeau:

4 cl pürierte Himbeeren

2 Eidotter

3 cl Weißwein

1 cl Himbeerschnaps

10 g Vanillezucker

1. Den Reis mit Milch und Butter weich kochen, erkalten lassen.

2. Die Eier in Dotter und Eiklar trennen. Die Dotter mit Staubzucker schaumig rühren, die Eiklar mit Kristallzucker zu Schnee schlagen. Den Schnee mit der Dottermasse und dem Reis behutsam vermengen.

3. Eine Form mit Butter ausstreichen und mit Bröseln ausstreuen. Die Masse in die Form füllen und bei 210 Grad etwa 30 Minuten backen.

4. Für die Schneehaube die Eiklar mit Zucker zu steifem Schnee schlagen. Den Schnee mit Hilfe eines Spritzbeutels auf den gebackenen Reisauflauf spritzen, mit Kokosraspeln bestreuen. Den Reisauflauf nochmals 5 bis 10 Minuten im Rohr bei starker Oberhitze backen.

5. Für den Chaudeau alle Zutaten mit einem Schneebesen über Wasserdampf cremig aufschlagen. Den Chaudeau mit Reisauflauf sofort servieren.

K. und R. Obauer

Sehr gut schmeckt der Reisauflauf auch, wenn Sie ihn mit weichgedünsteten Birnen oder abgetropftem Birnenkompott backen. Dafür eine Hälfte der Reismasse in die Form füllen, Birnen darübergeben, mit dem Rest der Reismasse abdecken. Probieren Sie dazu auch mal Vanilleeis.

SÜSSES

Rhabarberkrapfen mit Traminer-Mandelmilchschaum

Zutaten für 4 Personen

Für den Teig:
250 g glattes Mehl
60 g Butter
1 Prise Salz
etwa 1 cl eiskaltes Wasser

Für die Fülle:
2 Rhabarberstangen
4 bis 6 EL Semmelbrösel
1 EL Mandeln
ein paar Minzeblätter
3 EL Kristallzucker
3 EL Butter
Backfett oder Schmalz zum Backen

Für den Traminer-Mandelmilchschaum:
1/8 l Traminer
3 Eidotter
2 EL Mandelmilch oder Amaretto
Kristallzucker
Vanillezucker

1. Die Zutaten für den Teig mit so viel Wasser verkneten, daß ein zäher Teig entsteht. Den Teig eine Stunde ruhen lassen.

2. Für die Fülle den Rhabarber schälen und dünnblättrig schneiden. Die Mandeln hacken, die Minzeblätter fein schneiden. Den Zucker in einer Pfanne unter ständigem Rühren bis zur leichten Braunfärbung erhitzen. Die Butter einrühren. Rhabarber, Brösel, Minze und Mandeln beigeben. Vom Herd nehmen.

3. Den Teig sehr dünn ausrollen und in zwei gleichgroße Blätter schneiden. Ein Teigblatt mit kleinen Häufchen von Fülle belegen. Das zweite Teigblatt darüberlegen, den Teig rund um die Fülle festdrücken und die Krapfen ausstechen.

4. Das Backfett erhitzen, die Krapfen portionsweise einlegen und schwimmend goldbraun backen. Die Krapfen aus dem Fett heben und auf Küchenpapier gut abtropfen lassen.

5. Für den Traminerschaum alle Zutaten langsam über Wasserdampf handwarm aufschlagen (siehe Anmerkung Seite 211). Sofort mit den gezuckerten, noch warmen Krapfen servieren.

K. und R. Obauer

Sehr gut schmecken auch kleingeschnittene Marillen oder Heidelbeeren als Füllung. Die Menge der Brösel hängt jeweils vom Flüssigkeitsgehalt des Obstes ab.

Stanitzel mit Preiselbeerobers

Zutaten für 6 Personen

1 Ei

so viel glattes Mehl und so viel Kristallzucker, wie es dem Gewicht des Eis entspricht

Butter für das Backblech

Für das Preiselbeerobers:

1/4 l Schlagobers

5 EL Preiselbeerkonfitüre

1. Mehl und Kristallzucker mit dem Ei glattrühren. Den Teig 1/4 Stunde ruhen lassen.

2. Ein Backblech mit Butter bestreichen und die Masse kreisförmig dünn aufstreichen (Durchmesser etwa 15 cm). Bei 200 Grad ein paar Minuten backen.

3. Mit einer Palette rasch vom Blech heben (wenn der Teig zu kalt wird, läßt er sich nicht mehr lösen) und mit Hilfe eines Kochlöffels zu Stanitzeln drehen.

4. Für das Preiselbeerobers Schlagobers steif schlagen und die Konfitüre unterziehen. Die Stanitzeln mit Preiselbeerobers füllen und servieren.

K. und R. Obauer

Die Stanitzeln lassen sich in einer Dose verschlossen etwa einen Tag aufbewahren.

Honigkrapfen

Zutaten für 25 bis 30 Krapfen

30 g Germ

80 g Kristallzucker

1/4 l Milch

500 g glattes Mehl

2 Eidotter

80 g Butter

1 Prise Salz

Öl oder Butterschmalz zum Backen

Für die Honigsauce:

2 EL Butter

2 EL Mehl

1/2 TL gemahlener Zimt

1/2 TL gemahlene Nelken · 100 g Honig

1. Germ mit etwas Zucker und ein wenig lauwarmer Milch verrühren. Leicht mit Mehl bestäuben und aufgehen lassen.

2. Dieses „Dampfl" mit restlichem Mehl, Zucker, Eidottern, zerlassener Butter, einer Prise Salz und lauwarmer Milch zu einem Germteig verarbeiten. An einem warmen Ort gehen lassen, bis er sein Volumen verdoppelt hat. Zusammenschlagen und noch einmal aufgehen lassen, bis sich das Volumen wieder verdoppelt hat.

3. Den Teig zu kleinen Kugeln schleifen und aufgehen lassen. Die Kugeln mit den Händen so auseinanderziehen, daß ein dicker Rand entsteht.

4. Reichlich Öl oder Butterschmalz erhitzen. Die Krapfen darin schwimmend auf beiden Seiten goldgelb backen.

5. Für die Sauce Mehl in Butter anschwitzen. Zimt und Nelkenpulver zugeben. Mit 2 bis 3 EL Wasser aufgießen und aufkochen. Den Honig zugeben, gut verrühren und 3 bis 4 Minuten kochen lassen.

6. Honigsauce über die heißen Krapfen gießen.

Walnußtorte

Zutaten für 1 Torte mit 20 cm Durchmesser

200 g Mürbteig (siehe Seite 247)

150 g Kristallzucker

100 g gehackte Walnüsse

1 EL Butter

4 Eier

60 g Staubzucker

40 g Vollmilch-Kuvertüre

100 g geriebene Walnüsse

Für die Glasur:

2 EL Walnußlikör

30 g Staubzucker

1. Den Mürbteig 2 mm dick ausrollen. Einen Kreis von 20 cm Durchmesser ausstechen und den Boden einer gefetteten Springform damit belegen. Mit einer Gabel mehrmals einstechen. Den Boden bei 200 Grad etwa 10 Minuten blindbacken. (Den Boden dafür mit Backpapier bedecken und getrocknete Hülsenfrüchte daraufgeben. Nach dem Backen entfernen.)

2. 50 g Kristallzucker in eine Pfanne geben und unter ständigem Rühren bis zur leichten Braunfärbung erhitzen. Die gehackten Walnüsse und die Butter einrühren. Die Nüsse im Zucker erkalten lassen.

3. Die Eier in Dotter und Klar trennen. Die Dotter mit Staubzucker schaumig rühren. Die Eiklar mit dem restlichen Kristallzucker zu festem Schnee schlagen.

4. Die Kuvertüre über Wasserdampf schmelzen lassen. Kuvertüre, geriebene und karamelisierte Nüsse mit der Dottermasse verrühren. Den Schnee unterheben.

5. Die Nußmasse auf den vorgebackenen Teigboden streichen. Die Torte bei 180 Grad etwa 45 Minuten backen.

6. Für die Glasur Zucker mit Likör verrühren und die Torte noch warm mit Glasur bestreichen.

Erdäpfel-Mohnroulade mit Rhabarberkompott

Zutaten für 8 Personen

Für den Erdäpfelteig:
500 g mehlige Erdäpfel
40 g Butter
160 g griffiges Mehl
1 Ei · 1 Prise Salz
Für die Mohnfülle:
40 g Rosinen
3 EL Rum
1/2 l Milch
100 g Kristallzucker
1 EL Honig · 2 EL Butter
1/2 TL gemahlener Zimt
1 Päckchen Vanillezucker
400 g gemahlener Mohn
150 g Biskuitbrösel oder geriebene Biskotten
feingeriebene Schale von 1 unbehandelten Zitrone
Für die Sauce:
6 Eier
120 g Kristallzucker
1/2 l Milch · 1/2 Vanilleschote

Für das Rhabarberkompott:
700 g Rhabarber
250 g Kristallzucker
Saft von 2 Zitronen

1. Für das Kompott den Rhabarber schälen und in 2 cm lange Stücke schneiden. 1 1/2 Liter Wasser mit Zucker und Zitronensaft aufkochen. Den Rhabarber zugeben (er soll nicht kochen!). Den Topf mit dem Deckel verschließen und vom Herd nehmen. Den Rhabarber zugedeckt abkühlen lassen

2. Für den Teig die Erdäpfel kochen, schälen und noch warm durch die Presse drücken. Die Butter schmelzen. Alle Zutaten zu einem glatten Teig kneten. Den Teig abkühlen lassen.

3. Für die Fülle die Rosinen hacken und mit Rum vermischen. Milch, Zucker, Honig, Butter, Zimt und Vanillezucker aufkochen. Mohn, Brösel, Rosinen und Zitronenschale zugeben. So lange köcheln lassen, bis die Masse dick, aber noch streichfähig ist.

4. Den Erdäpfelteig mit Mehl bestäuben und auf einer bemehlten Arbeitsfläche dünn ausrollen. Mit Fülle bestreichen und zu einer Roulade von etwa 5 cm Durchmesser rollen.

5. Die Roulade in 8 cm lange Stücke schneiden. Jedes Stück in gebutterte Aluminiumfolie einrollen und die Folie an den Enden zudrehen. Diese Päckchen in Wasser etwa 10 Minuten kochen. Die Rouladen aus der Folie nehmen.

6. Für die Sauce Eier mit Zucker dickschaumig aufschlagen. Die Milch mit der Vanilleschote erwärmen und den Eierschaum in die Milch rühren. Die Mischung unter ständigem Rühren so lange erhitzen, bis die Sauce 72 Grad erreicht hat (siehe Anmerkung Seite 211). Die Masse in einen anderen Topf umgießen und den Topf in Eiswasser stellen.

7. Die lauwarmen Mohnrouladen nach Belieben durchschneiden. Mit Sauce und Rhabarberkompott anrichten.

Gebackene Apfelradeln

Zutaten für 4 Personen

3 säuerliche, festfleischige Äpfel
3 EL Mehl
1/8 l Wein (z.B. Gewürztraminer)
1 Prise Salz · 2 Eier
1 gehäufter EL Kristallzucker
etwas Mehl zum Wenden
etwa 500 g Butterschmalz
Zimtzucker aus 1 TL gemahlenem Zimt und
2 EL Kristallzucker
Für das Weinchaudeau:
2 Dotter
1/8 l Wein
2 EL Kristallzucker

1. Von den Äpfeln die Kerngehäuse ausstechen, die Äpfel in dicke Scheiben schneiden.

2. Mehl mit Wein und einer Prise Salz zu einem Teig von der Konsistenz einer dicken Paste rühren. Die Eier trennen. Die Dotter unter den Teig rühren. Die Eiklar mit Kristallzucker zu Schnee schlagen und den Schnee unter die Masse heben.

3. Die Apfelscheiben in Mehl wenden, durch den Backteig ziehen und in Butterschmalz goldbraun backen.

4. Die Apfelscheiben aus dem Fett heben und auf Küchenpapier abtropfen lassen. Mit Zimtzucker bestreuen.

5. Für das Weinchaudeau die Dotter mit Wein und Zucker über Wasserdampf bei nicht zu großer Hitze in einer Rührschüssel schaumig aufschlagen, dabei die Schüssel immer wieder bewegen (die Eier dürfen nicht zu schnell Hitze bekommen).
Sofort zu den Apfelscheiben servieren.

Milchbrot-Marillen-Pofesen

Zutaten für 4 Personen

8 Scheiben Milchbrot (etwa 2 cm dick)
4 EL Puddingcreme (siehe Seite 212)
2 EL Marillenmarmelade
500 g Butterschmalz
4 Eier
etwas Milch zum Eintunken

1. Eine Hälfte der Milchbrotscheiben mit Puddingcreme, die andere mit Marillenmarmelade einseitig bestreichen. Je ein mit Pudding bestrichenes Brot mit einem Marmeladebrot zusammensetzen (bestrichene Seiten innen).

2. Das Butterschmalz erhitzen. Die Eier verquirlen.

3. Die Pofesen auf jeder Seite kurz in Milch tauchen, durch die Eier ziehen und ins heiße Fett legen. In 3 bis 4 Minuten goldbraun backen. Wenden, so bald die Unterseite Farbe genommen hat und die Oberseite nochmals mit heißem Fett beschöpfen.

4. Die Pofesen aus dem Fett heben und auf Küchenpapier abtropfen lassen.

K. und R. Obauer

Am besten mit „Sturm-Chaudeau" servieren. Zubereitung wie Weinchaudeau, siehe nebenstehendes Rezept, dabei den Wein durch Sturm ersetzen.

Lebkuchenauflauf

Zutaten für 8 bis 10 Portionen

90 g Butter

2 cl Rum

50 g Vollmilch-Schokolade oder Kochschokolade

5 Eier

50 g Staubzucker

30 g Kristallzucker

50 g geriebene Mandeln

20 g Lebkuchenbrösel

1 TL Lebkuchengewürz

Kristallzucker zum Ausstreuen der Formen

1. Die Butter schmelzen, aber nicht zu heiß werden lassen. Den Rum zugießen. Die Schokolade reiben.

2. Die Eier in Dotter und Klar trennen. Die Dotter mit Staubzucker schaumig rühren. Die Eiklar mit Kristallzucker zu einem sehr steifen Schnee schlagen.

3. Die zerlassene Butter mit den Dottern verrühren und unter den Schnee heben. Die restlichen Zutaten behutsam unterheben (nicht mehr rühren, sonst zerfällt der Schnee).

4. Acht bis zehn Förmchen mit geschmolzener Butter ausstreichen und mit Kristallzucker ausstreuen. Die Masse einfüllen und im Wasserbad im Rohr bei 170 Grad etwa 30 Minuten pochieren (das Wasser soll bis knapp unter den Rand der Förmchen reichen).

5. Die Aufläufe zehn Minuten ruhen lassen, dann stürzen.

K. und R. Obauer

Dazu paßt Glühweinschaum. Dafür 1/4 l Glühwein mit 5 Eidottern und 1 EL Kristallzucker über Dampf aufschlagen.

Lebkuchenherzen

Zutaten für etwa 200 Stück mit 5 cm Durchmesser

50 g Aranzini

3 EL Pflanzenöl

150 g Bienenhonig

2 cl Rum

700 g Mehl (1/3 Roggenmehl, 2/3 Weizenmehl)

2,5 g Backpulver (entspricht etwa 1/2 TL)

450 g Rohzucker

4 Eier

1 TL Speisenatron

10 g Lebkuchengewürz

Schale von 3 Zitronen

100 enthäutete Mandeln

etwa 1/8 l Milch

1. Die Aranzini hacken. Pflanzenöl, Honig und Rum auf 40 Grad (handwarm) erwärmen. Mit den restlichen Zutaten außer Mandeln und Milch vermischen und zum Teig kneten. In Frischhaltefolie einschlagen und 3 Wochen kühl ruhen lassen.

2. Den Teig auf einer leicht bemehlten Arbeitsfläche 1 cm dick ausrollen. Die Lebkuchen mit Formen ausstechen. Mit Milch bestreichen und mit halbierten Mandeln belegen. Die Mandeln festdrücken.

3. Die Lebkuchen bei 180 Grad etwa 10 Minuten backen.

K. und R. Obauer

Lebkuchen am besten in einer Blechdose lagern. So bleiben sie mehrere Monate frisch.

Schwarzbeerschmarren

Zutaten für 2 Hauptgerichte oder 4 Desserts

250 g griffiges Mehl
1 Prise Salz
1/4 l Milch
4 Eier
2 EL Butterschmalz
1 EL Butter
100 g Schwarzbeeren
Kristallzucker nach Belieben

1. Das Mehl mit einer Prise Salz und kalter Milch zu einem dicken Teig verrühren. Die Eier ganz kurz einrühren, aber nicht glattrühren.

2. In einer großen Pfanne Butterschmalz und Butter erhitzen. Die Masse in die Pfanne geben und bei mäßiger Hitze zugedeckt anbacken, der Teig muß am Rand hochgehen.

3. Die Masse kreuzweise zerschneiden, wenden und fast fertigbacken. Mit zwei Gabeln in Stücke zupfen.

4. Die Schwarzbeeren sowie Kristallzucker nach Geschmack zugeben. Die Pfanne noch einmal zudecken und den Schmarren noch ein paar Minuten backen.

K. und R. Obauer

Nicht zu viel Masse in die Pfanne geben! Am besten gelingt der Schmarren, wenn er viel Platz zum Aufgehen hat.

Zimtknödel mit Marillenragout

Zutaten für 4 Personen

Für die Knödel:
1/4 l Milch
1 Gewürznelke · 1 Prise gemahlener Zimt
1 Prise Salz
100 g Grieß · 1 Ei
Zimtzucker aus 2 EL Kristallzucker
und 1/2 TL Zimt
Staubzucker zum Bestäuben
ein paar Minzeblätter zum Garnieren
Für das Marillenragout:
1,5 kg Marillen
1/8 l Weißwein
4 cl Marillenbrand
2 Schöpfer Kristallzucker (nach Geschmack)
Außerdem: 1 l Milch zum Kochen

1. Die Marillen waschen, entkernen und vierteln. Zwei Drittel der Marillen mit Wein und Marillenbrand aufkochen, zuckern und im Mixer pürieren. Die Masse durch ein Sieb streichen.

2. Die restlichen Marillen in ein verschließbares Glas geben. Das heiße Marillenpüree darübergießen. Das Glas verschließen und das Marillenragout auskühlen lassen.

3. Die Milch mit der Nelke, etwas Zimt und Salz aufkochen. Den Grieß zugeben und unter ständigem Rühren etwa 15 Minuten kochen. Die Masse abkühlen lassen und das Ei einrühren.

4. Aus dem Teig zwölf kleine Knödel formen. Die Knödel in der heißen Milch etwa 5 Minuten ziehen lassen. Die Knödeln sind gar, wenn sie an die Oberfläche steigen.

5. Die Knödel in Zimtzucker wälzen, mit Marillenragout anrichten. Mit Staubzucker bestreuen und mit Minze garnieren.

Grundrezepte

STANDARDS DER GUTEN KÜCHE

Hühnerfond

Zutaten für 2 Liter

Knochen von 3 Hühnern

3 Zwiebeln

1 Pastinake oder 1 Petersilienwurzel

1 Handvoll Champignons oder Shiitake-Pilze

2 Stangen Staudensellerie

3 Karotten

1 Lauchstange

2 bis 3 Stengel Liebstöckel

8 schwarze Pfefferkörner

1 Lorbeerblatt

1 Zweig Bohnenkraut

8 Korianderkörner

1. Die Hühnerknochen in kaltem Wasser mindestens 1/2 Stunde wässern, dann in frischem, kaltem Wasser aufsetzen.

2. Die Zwiebeln schälen und halbieren. Pastinake oder Petersilienwurzel, Pilze, Staudensellerie und Karotten putzen, die Karotten halbieren. Den Lauch waschen und mit wenig Liebstöckel fest zusammenbinden.

3. Das Gemüse zu den Knochen geben. Alles aufkochen, aufsteigenden Schaum und Trübstoffe abschöpfen. Pfeffer, Lorbeerblatt, Bohnenkraut und Koriander zugeben. Auf kleiner Hitze etwa 3 Stunden ohne Deckel köcheln lassen.

4. Den Fond abseihen.

K. und R. Obauer

Diesen Fond kann man für die Zubereitung zahlreicher Saucen verwenden. Am besten in kleinen Portionen einfrieren oder in Einweckgläser abfüllen und gekühlt lagern.

Fischfond

Zutaten für 2 Liter

1,5 kg Fischkarkassen (am besten Köpfe und Gräten von Seezunge oder Steinbutt)

1/8 l Olivenöl

1/4 l trockener Weißwein (Grüner Veltliner, Riesling oder Weißburgunder)

10 Schalotten

150 g Champignons

1 Lorbeerblatt

5 Pfefferkörner

5 Korianderkörner

1. Die Fischkarkassen in reichlich kaltem Wasser wässern.

2. Das Olivenöl in einem großen Topf erhitzen. Die Karkassen aus dem Wasser heben, abtropfen lassen und im Öl anschwitzen. Mit Wein ablöschen und so viel kaltes Wasser zugießen, daß die Karkassen bedeckt sind.

3. Schalotten und Champignons schälen bzw. putzen und blättrig schneiden. In den Topf geben und alles aufkochen, aufsteigenden Schaum und Trübstoffe abschöpfen. Lorbeerblatt, Pfeffer- und Korianderkörner zugeben.

4. Den Fischfond etwa 20 Minuten sieden lassen, durch ein mit einem Mulltuch ausgelegtes Sieb abseihen.

K. und R. Obauer

Wie Hühnerfond konservieren (siehe nebenstehendes Rezept).

Butternockerln

Zutaten für 16 Nockerln

4 Eier

100 g Butter

200 g Mehl

Salz

1. Die Eier aufschlagen, Dotter und Eiklar trennen. Die Butter mit den Dottern und ein wenig Salz kräftig verrühren. Das Mehl einarbeiten.

2. Das Eiklar mit einer Prise Salz zu Schnee schlagen und unter die Dotter-Butter-Mischung heben.

3. Mit einem Eßlöffel ein wenig von der Masse ausstechen und mit Hilfe des Löffels in der hohlen Hand ein Nockerl formen.

4. Die Nockerln in siedendes Salzwasser einlegen. Den Löffel vor dem Ausstechen des nächsten Nockerls in kaltes Wasser tauchen. Die Nockerln etwa 10 Minuten im zugedeckten Topf ziehen lassen. Aus dem Wasser heben und eiskalt abschrecken.

Blattsalatdressing

Zutaten für 8 Portionen (1 große Schüssel)

Saft von 2 Zitronen

1 TL Zucker

2 EL Weißweinessig (5 % Säuregehalt)

4 EL Maiskeimöl

2 EL Erdnußöl

4 cl süßer Sherry (Cream Sherry)

Pfeffer aus der Mühle

1 gestrichener TL Salz

2 EL feingeschnittene Kräuter (z.B. Petersilie, Kerbel, Dill, Selleriegrün)

Alle Zutaten in eine kleine Rührschüssel geben und am besten mit einer Gabel oder einem Schneebesen verrühren.

Kräutermischung

10 g getrockneter und gerebelter Beifuß

10 g getrockneter und gerebelter Majoran

10 g Schabzigerklee

2 g getrockneter Salbei

Alle Zutaten miteinander vermischen. In einem luftdicht schließenden Gefäß aufbewahren.

K. und R. Obauer

Diese Kräutermischung eignet sich zum Würzen von Salaten, pikanten Blechkuchen (z.B. Pizza) und gebratenem Fleisch oder Fisch.

Pilzaufstrich

Zutaten für 2 Gläser von je 1/2 Liter Inhalt

- 350 g Herbsttrompeten oder Steinpilze
- 7 Schalotten
- 2 Knoblauchzehen
- 200 g Kalbsleberwurst
- 1 TL Kümmel
- 1 TL getrockneter Majoran
- 1 EL frischer kleingehackter Liebstöckel
- 400 g Schweineschmalz
- 250 g Butter
- Salz
- Pfeffer

1. Die Pilze putzen und hacken. Die Schalotten schälen und kleinschneiden. Die Knoblauchzehen schälen und zerdrücken. Pilze, Schalotten und Knoblauch in der Hälfte des Schweineschmalzes 10 bis 15 Minuten schmoren.

2. Die Kalbsleberwurst enthäuten, mit Kümmel, Majoran, Liebstöckel, Salz, Pfeffer, dem restlichen Schweineschmalz und der Butter fein hacken.

3. Beide Massen miteinander verrühren, in Gläser füllen und gekühlt lagern.

K. und R. Obauer

Dieser Aufstrich schmeckt gut auf Bauernbrot.

Topfen-Kren-Aufstrich

Zutaten für 30 Portionen

- 1 kg Topfen (10 % Fettgehalt)
- 350 g Sauerrahm
- 150 g Ziegenjoghurt
- 2 EL Sardellenpaste
- 1 EL Salz
- 1 Msp gemahlener Kümmel
- evtl. 1 Msp Schabzigerklee (Bockshornklee)
- 5 EL geriebener Kren
- evtl. 2 EL Grün vom Staudensellerie, feingeschnitten

Alle Zutaten miteinander verrühren.

GRUNDREZEPTE

Hühnerleberaufstrich

Zutaten für 8 Jausen

500 g Hühnerlebern

1/8 l Olivenöl

100 g Champignons oder Eierschwammerln

100 g Schalotten

4 Knoblauchzehen

100 g Staudensellerie

250 g Oliven

1 Prise gemahlener Kümmel

ein paar Estragonblätter

3 Kerbelzweige

200 g weiche Butter

Salz

Pfeffer

1. Die Hühnerlebern hacken, in Olivenöl kurz anschwitzen.

2. Pilze, Schalotten, Knoblauch und Staudensellerie putzen bzw. schälen und in feine Scheiben schneiden. Die Oliven grob hacken.

3. Gemüse und Oliven mit den Hühnerlebern verrühren. Die Masse salzen, pfeffern, mit Kümmel würzen und 5 Minuten schmoren. Abkühlen lassen.

4. Estragon und Kerbel hacken. Mit einer Gabel Kräuter und Butter in die Hühnerlebermasse einarbeiten. Den Aufstrich vor dem Servieren im Kühlschrank ein paar Stunden durchziehen lassen.

K. und R. Obauer

Dieser Aufstrich schmeckt am besten auf gebackenem Weißbrot: Weißbrot in kleine Scheiben schneiden und in reichlich Olivenöl goldgelb backen, erkalten lassen. Die Brote mit dem Leberaufstrich bestreichen und mit Kräutern bestreuen. Den Hühnerleberaufstrich kann man auch anstelle einer Sauce zu gebratener oder gedämpfter Hühnerbrust servieren.

Sugo für Spaghetti

Zutaten für jeweils 6 bis 8 Portionen

Rindfleischsugo:

250 g Wadschinken

250 g Beinfleisch

1 Zwiebel

150 g Karotten

50 g Sellerie (Knolle oder Staude)

4 Knoblauchzehen

3 EL Schmalz

1/4 l Rindsuppe

1/8 l guter Rotwein

etwas flüssige Suppenwürze (z.B. Maggi)

4 EL Tomatenmark

3 Fleischtomaten oder 6 geschälte Tomaten aus der Dose

1 Msp gemahlener Kümmel

1 EL getrockneter Majoran

evtl. etwas Bohnenkraut

1 Prise Cayennepfeffer

Salz

schwarzer Pfeffer

1. Zwiebel, Karotten, Sellerie und Knoblauch schälen bzw. putzen und zusammen mit Fleisch und Schinken faschieren.

2. Das Schmalz erhitzen, das Faschierte im Schmalz anschwitzen, salzen und pfeffern und etwa 5 Minuten zugedeckt schmoren. Mit Suppe, Rotwein, Suppenwürze, Tomatenmark, in Würfel geschnittenen Fleischtomaten oder geschälten Tomaten, gemahlenem Kümmel, getrocknetem Majoran, eventuell Bohnenkraut, Cayennepfeffer, Salz und Pfeffer bei geringer Hitze schmoren (mindestens 45 Minuten).

Kitzsugo:

500 g Kitzfleisch (von Stelze, Hals, Schulter oder Bauch)

10 Schalotten

100 g Karotten

2 Knoblauchzehen

5 Champignons

3 getrocknete Marillen

1/8 l Olivenöl

1/2 l Weißwein

2 Salbeiblätter

3 Briefchen Safran

1 Prise gemahlener Koriander

5 bis 10 getrocknete Tomaten

evtl. ein paar getrocknete Steinpilze

Salz

Pfeffer

1. Schalotten, Karotten und Knoblauch schälen, Champignons putzen, und zusammen mit den Marillen und dem Fleisch faschieren.

2. Das Faschierte in Olivenöl anschwitzen, mit Wein aufgießen, gehackte Salbeiblätter, Safran, Salz, Pfeffer und ein wenig Koriander einrühren.

3. Die Tomaten in Streifen schneiden, zugeben, eventuell auch ein paar getrocknete Steinpilze einrühren.

4. Den Sugo etwa 1 Stunde bei geringer Hitze zugedeckt schmoren.

GRUNDREZEPTE

Enten- oder Gänsesugo:

500 g Enten- oder Gänsekeulen

150 g Selchfleisch

10 Schalotten

100 g Karotten

5 Champignons

2 Knoblauchzehen

5 EL Erdnußöl oder Entenfett

1/2 l guter Rotwein

1 TL schwarzer gestoßener Pfeffer

1 Prise Cayennepfeffer

ein paar kleine frische oder getrocknete Steinpilze

1 Prise Fenchelsamen

1 TL getrockneter Beifuß

1 Prise gemahlener Kümmel

100 g Salami

Salz

Pfeffer

1. Enten- oder Gänsekeulen auslösen. Das Gemüse schälen bzw. putzen. Geflügelfleisch und -haut mit Selchfleisch und Gemüse faschieren.

2. Das Faschierte in Erdnußöl oder Entenfett anbraten, salzen und pfeffern und den Rotwein zugießen. Schwarzen gestoßenen Pfeffer, Cayennepfeffer, kleingeschnittene Steinpilze, Fenchel, Beifuß sowie Kümmel einrühren. Die Salami in Würfel schneiden und untermischen.

3. Den Sugo etwa 1 Stunde bei geringer Hitze zugedeckt schmoren.

K. und R. Obauer

*Die Sughi mit Spaghetti servieren
(pro Person etwa 80 g ungekochte Spaghetti).
Die Grundregel bei der Zubereitung von Sugo
lautet: Geringe Hitze, lange Garzeit, dickwandiger
Topf (am besten ein gußeiserner Schmortopf)
mit geschlossenem Deckel.
Jedem Sugo tut es gut, wenn man Rinde vom
Parmesan mitkocht.
Die Sughi kann man in Einweckgläser abfüllen
und auf Vorrat halten oder auch in
Tiefkühlsäckchen einfrieren.*

Pesto

Zutaten für 1 kleines Glas

40 g Basilikum	
1 Knoblauchzehe	
6 EL Olivenöl	
2 TL Pignoli	
10 g Petersilienblätter	
10 g geriebener Parmesan	
10 g Rucola	

Alle Zutaten im Mörser fein zerreiben.

Parmesanchips

Zutaten für 10 Knabber-Portionen

200 g Parmesan

1. Den Parmesan in Kartoffelchip-große Scheiben vom Stück hobeln (z.B. mit dem Spargelschäler).

2. Die Chips auf Backtrennpapier legen und bei 200 Grad im Backrohr erhitzen, bis der Käse goldgelbe Farbe angenommen hat. Das Backrohr ausschalten und die Chips darin trocknen lassen.

K. und R. Obauer

Die Chips passen gut zum Aperitif, insbesondere zu Champagner.

Nudelteig

Zutaten für 6 Portionen

350 g Hartweizengrieß
150 g Mehl
4 Eier
3 Eidotter
1 Schuß Olivenöl

1. Alle Zutaten am besten mit den Knethaken einer Küchenmaschine zu einem festen, homogenen Teig vermengen.

2. Den Teig in Frischhaltefolie einschlagen und etwa 1 Stunde ruhen lassen.

3. Den Teig mit einer Nudelmaschine dünn ausrollen. Zwischen den einzelnen Gängen mit Hartweizengrieß bestreuen.

4. Die Nudeln in die gewünschte Form schneiden und sofort kochen.

K. und R. Obauer

Den Teig nicht salzen. Wenn gesalzener Teig nicht sofort verwendet wird, nimmt er eine graue Farbe an.

Germteig

Zutaten für 1 Blech von 30 x 40 cm

700 g Mehl
1 Ei
3 Eidotter
1/4 l warme Milch
42 g Hefe (1 Würfel)
80 g Butter
Schale von 1 Zitrone
1 EL Vanillezucker
120 g Kristallzucker
1 Prise Salz

1. Alle Zutaten mit den Knethaken einer Küchenmaschine zu einem Teig verarbeiten. Den Teig zugedeckt an einem warmen Ort etwa 1 Stunde aufgehen lassen (am besten in einer verschlossenen Kunststoffschüssel).

2. Je nach Rezept weiterverarbeiten.

Auslegeteig

Zutaten für 1 Blech von 30 x 40 cm

200 g Mehl
120 g kalte Butter
1 Ei
1 bis 2 EL kaltes Wasser
Salz

1. Das Mehl mit der kalten Butter bröselig kneten. Das Ei, 1 bis 2 EL kaltes Wasser und ein wenig Salz zufügen und rasch zu einem Teig kneten.

2. Den Teig in Frischhaltefolie schlagen und etwa 1/2 Stunde kühl stellen.

K. und R. Obauer

*Wenn von diesem Auslegeteig nicht alles verbraucht wird, kann man den Rest für eine spätere Verwendung tiefkühlen.
Man kann daraus auch ganz schnell Salzgebäck zubereiten:
Den Teig in Streifen oder andere Formen schneiden, mit Salzwasser bestreichen, mit Sesam bestreuen und bei 220 Grad backen.*

Mürbteig

Zutaten für 1 Blech von 30 x 40 cm

150 g kalte Butter

70 g Staubzucker

200 g Mehl

1. Butter, Staubzucker und Mehl rasch miteinander vermengen und zu einem Teig kneten.

2. Den Teig in Frischhaltefolie einschlagen und kühl stellen.

K. und R. Obauer

Dieser Teig eignet sich für große Kuchen, z.B. für mürben Apfelkuchen.

Mürbteig weich

Zutaten für 25 Tartelettes-Förmchen mit einem Durchmesser von 5 cm

100 g kalte Butter

10 g Staubzucker

1 Ei

250 g Mehl

1. Die Butter mit Staubzucker, Ei und Mehl rasch vermengen und zu einem Teig kneten.

2. Den Teig in Frischhaltefolie einschlagen und kühl stellen.

K. und R. Obauer

Dieser Teig eignet sich für das Auslegen von Formen. In Frischhaltefolie eingeschlagen, hält sich der Teig im Kühlschrank etwa 1 Woche.

Mürbteig extra mürb

Zutaten für 1 Blech

200 g kalte Butter

2 Eidotter

2 EL Schlagobers

2 EL Wein

250 g Mehl

1. Die Zutaten rasch mit den Händen vermengen und zu einem Teig kneten.

2. Den Teig in Frischhaltefolie einschlagen und kühl stellen.

K. und R. Obauer

Dieser Teig eignet sich z.B. für die Zubereitung von Äpfeln im Schlafrock.

Fladenbrot

Zutaten für 7 Bleche

150 g Butter
600 g Weizenmehl
50 g Kleie
40 g Goldhirse
40 g Leinsamen
100 ml Wasser
5 g Salz (etwa 1/2 TL)

1. Die Butter schmelzen. Mit den übrigen Zutaten zu einem Teig verarbeiten.

2. Den Teig möglichst dünn ausrollen und die gefetteten Backbleche damit auslegen. Den Teig mit Salzwasser bestreichen, mit Mehl bestäuben und im Rohr bei 220 Grad etwa 7 Minuten backen.

K. und R. Obauer

Diesen Teig kann man zum Beispiel auch zum Umhüllen von Schinkenspargel verwenden: Den Spargel kochen und in Schinkenscheiben rollen. Mit Teig umhüllen, mit Mehl bestäuben und im Ofen bei 250 Grad backen.

Rosmarinbrot

Zutaten für 30 Stück à 50 g

750 g Weizenmehl
je 50 g frischgemahlenes Mehl von Buchweizen, Dinkelweizen, Hafer, Speisegerste, Roggen und Hirse
1 EL feingehackter Rosmarin
100 g Butter
300 g Milch
300 g Wasser
42 g Germ (1 Würfel)
1 TL Zucker
20 g Salz (etwa 2 TL)

1. Alle Zutaten in der Küchenmaschine zu einem zähen Teig verarbeiten. Den Teig zugedeckt an einem warmen Ort etwa 1 Stunde gehen lassen.

2. Den Teig zu kleinen Kugeln formen, auf ein Blech setzen und nochmals etwas aufgehen lassen.

3. Jedes Laibchen einmal einschneiden, mit Salzwasser bestreichen und mit Mehl bestäuben.

4. Die Brötchen bei 300 Grad ohne Unterhitze etwa 15 Minuten backen.

Paradeiserkompott

Zutaten für 3 Gläser von je 1/4 Liter Inhalt

- 2 kg Fleischtomaten
- 5 Schalotten
- 1 kleines Bund Minze
- 4 EL Kristallzucker
- 1 TL Korianderkörner
- 1/8 l trockener Vermouth
- Salz
- Pfeffer

1. Von den Tomaten die Stielansätze entfernen, die Tomaten oben einschneiden und für etwa 5 Sekunden in kochendes Wasser legen. Herausheben, abschrecken und enthäuten. Die Tomaten halbieren, entkernen und den Saft ausdrücken.

2. Die Schalotten schälen und fein schneiden. Das Tomatenfleisch grob schneiden. Die Minzezweige waschen und trockentupfen. Tomatenfleisch mit dem ausgedrückten Tomatensaft, Schalotten, Minzezweigen, Zucker, zerstoßenen Korianderkörnern, Vermouth, Salz und Pfeffer im Ofen bei 180 Grad etwa 1/2 Stunde schmoren.

3. Das Paradeiserkompott in sterile Gläser füllen.

K. und R. Obauer

Dieses Kompott eignet sich als Zugabe zu Salaten, Sülzen, gedämpften Fischen, Buttersaucen oder auch als „Sugo" für Teigwaren aller Art.

Sanddornkonfitüre

Zutaten für 1 1/2 Liter

- 1 kg Sanddornbeeren
- 1 kg Kristallzucker
- 1/8 l Wasser

1. Die Sanddornbeeren abrebeln (siehe Tip).

2. Den Zucker mit Wasser einkochen, bis er sirupartig vom Löffel fließt (85 Grad auf dem Zuckerthermometer).

3. Die Sanddornbeeren mit dem Sirup verrühren und kurz aufkochen.

4. Die Sanddornkonfitüre in sterilisierte Gläser füllen und mit einem Schraubdeckel fest verschließen. Die Gläser auf den Kopf stellen und abkühlen lassen.

K. und R. Obauer

Sanddornkonfitüre schmeckt gleichzeitig süß, sauer und herb und erinnert im Aroma an Mandeln und ein wenig an Passionsfrucht. Sie paßt vorzüglich zu Wildgerichten oder zu Vanilleeis, kann zu einem köstlichen Sorbet verarbeitet werden oder ist Zutat zu einem ungewöhnlich schmackhaften Aperitif: Etwa einen Finger breit Sanddornkonfitüre in ein Glas geben und mit Champagner oder Sekt aufgießen.
Das Abrebeln geht wesentlich leichter, wenn man den Sanddorn zuvor einfriert.

Quittenkompott nach Günter Rochelt

Zutaten für 2 Gläser von je 1 Liter Inhalt

8 Quitten
1 l Wasser
200 g Zucker
Quittenschnaps

1. Vollreife, goldgelbe Quitten schälen, in Spalten schneiden und die Kerngehäuse entfernen. Die Quittenspalten schichtweise in Einweckgläser legen.

2. Wasser mit Zucker aufkochen und über die Quitten gießen. Die Quitten im Wasserbad bei 90 Grad oder im Konvektomat bei Dampf 50 Minuten garen.

3. Das Quittenkompott in kleinen Schüsseln servieren und einen kräftigen Schuß Quittenschnaps zugießen (natürlich nur für Erwachsene).

Likör von grünen Nüssen

Zutaten für 3 Liter

150 g grüne Walnüsse
1 Zimtstange
1 Gewürznelke
2 l reiner Äthylalkohol
1 1/2 l trockener Rotwein
200 g Kristallzucker

1. Die Nüsse waschen und trockentupfen. In ein sterilisiertes Glas geben, Zimtstange und Gewürznelke zugeben und mit Alkohol auffüllen. Das Glas verschließen und die Nüsse dunkel und kühl etwa 10 Wochen durchziehen lassen.

2. Den Wein mit dem Zucker so lange kochen, bis die Flüssigkeit auf die Hälfte reduziert ist. Abkühlen lassen.

3. Die Nüsse abseihen und die Flüssigkeit mit der Weinreduktion in ein Glas geben. Vor der Verwendung etwa 3 Wochen stehen lassen.

K. und R. Obauer

Den Nußlikör z.B. mit Vanilleeis servieren. Der Likör eignet sich auch als Zutat für viele Cremes.

Kirschenkonfitüre

Für 3 Gläser von je 500 Gramm

1 kg vollreife Herzkirschen
700 g Gelierzucker

1. Die Herzkirschen entkernen und mit dem Gelierzucker verrühren.

2. Die Kirschen erhitzen und vom Zeitpunkt des Aufkochens an noch 10 Minuten köcheln lassen. Noch heiß in sterile Gläser füllen.

Hollersirup

Zutaten für 3 Liter

20 Holunderblüten

2 Zitronen

70 g Zitronensäure

2 kg Kristallzucker

1. Die Hollerblüten waschen, die Zitronen in Scheiben schneiden. Holunder und Zitronenscheiben mit Zitronensäure und 1,5 Liter Wasser verrühren. Etwa 48 Stunden durchziehen lassen (nicht zu kalt stellen).

2. Die Flüssigkeit abseihen, mit dem Zucker verrühren und nochmals 48 Stunden durchziehen lassen.

3. Den Sirup in Flaschen füllen und gekühlt lagern.

K. und R. Obauer

Dieser Sirup hält sich etwa ein Jahr. Durch Aufspritzen mit Sodawasser wird daraus ein herrliches Erfrischungsgetränk. Holundersirup dient auch als Grundlage eines Hollersorbets oder als Zutat zu Hollermus.

Hollerlikör

Zutaten für 1 Liter

1 kg Holunder, gerebelt

3 Vanilleschoten

2 Gewürznelken

1/8 l Weingeist

500 g Kristallzucker

1. Den Holunder in 1 Liter Wasser etwa 1 Stunde sieden. Die Flüssigkeit abseihen. Den gewonnenen Saft mit Kristallzucker, der Länge nach aufgeschnittenen Vanilleschoten und den Gewürznelken nochmals aufkochen. Auskühlen lassen.

2. 1/8 Liter Weingeist einrühren. Die Flüssigkeit durch ein Sieb oder Tuch seihen und in sterile Flaschen füllen.

K. und R. Obauer

Hollerlikör schmeckt gut mit Sekt oder Champagner, ist aber auch eine geschmackliche Bereicherung für Wildsaucen.

Rezept-Register

Aal mit Gewürzreis 82
Aal mit Schwarzbrotbröseln und Räucher-
fischsauce 81
Apfelblattln mit Hollerkoch 216
Apfelradeln, gebackene 232
Apfelstrudel mit Sauerrahm 217
Artischocken mit Ricottafülle 113
Auberginencreme mit Sardellen 18
Auslegeteig 246

Backhuhn, mariniertes, mit Sauerrahm-
Gurkensalat 124
Bananenmus 208
Bärlauch-Frischkäse-Kuchen mit Pignoli 118
Bauernhendl mit Ingwer und Soja im Reisteig 158
Bauernkrapfen 188
Beinfleisch, gesottenes, mit Kürbis
und Kurkuma 134
Beiriedsuppe mit Butternockerln 61
Bergkäse-Eierstich mit Wurzelmilch 100
Biereis 211
Biskuitroulade mit Orangencreme 214
Blattsalatdressing 239
Blutwursttascherln mit Gerstelkraut
und Bieressig 198
Bohneneintopf mit Selchfleisch 187
Bohnensuppe 63
Butternockerln 239

Champignons, gefüllte, in Reismehl-Panier .. 19
Chinakohl, gefüllter, mit Kapern-Senf-Sauce . 182

Dampfnudeln mit Mohn 225
Dörrpflaumen in Rotwein mit Parisercreme .. 208

Eierspeis mit Sellerie 163
Ente, gefüllte, mit Äpfeln 129
Entenbouillon mit Pilzen 55
Entenbrust mit Chicorée und Zitronensauce .. 131
Erdäpfelgulasch mit Braunschweiger Wurst .. 185
Erdäpfel-Käsecreme mit Pilzen 113
Erdäpfelknödel, gefüllte, mit Rettich-
oder Spargelsalat 204
Erdäpfel-Mohnroulade mit Rhabarberkompott 231
Erdäpfelnidei mit warmem Krautsalat 117
Erdäpfelpuffer mit Zander 32
Erdäpfelsuppe, klare 68

Fasanenmus in der Zwiebel 43
Fisch, süß-sauer marinierter, mit Erdäpfeln
und Apfel-Krautsalat 33
Fischfond 238
Fischsuppe, klare 58
Fladenbrot 248
Forelle mit Steinpilzsud und Nudelblatt ... 76
Forellenkrapferln 31
Forellenlaibchen mit Chinakohlsalat 77
Forellenstrudel 74
Frühlings-Rahmsuppe mit Ricottatascherln ... 64

Gans, ausgelöste, mit Pilzfülle 132
Gänseleber auf vier Arten 40
Gänseleberterrine 41
Gansl mit Bauernkraut 162
Geflügelsuppe, klare, mit Gemüse 54

Germteig 246
Gorgonzola-Tomaten mit Schwammerln 28
Grappa-Erdäpfel 112
Griessuppe, geröstete, mit Kernöl
und Steinpilzen 65
Gugelhupf 219

Hascheeknödel mit Speckwurst und
Rübenkraut 203
Hasenrücken und -pfeffer in
Gebirgswermut-Sauce 179
Hechtlaibchen mit Speck und Saubohnen ... 89
Hendlbrust mit Kohlrabi 38
Hendlbrüste mit Erdäpfelpüree 161
Hendlsulz mit Fenchel 39
Hirschragout 152
Hollerkoch 209
Hollerlikör 253
Hollersirup 253
Honigkrapfen 229
Huhn mit Paprika 160
Huhn mit Rucola-Polentafülle 125
Hühnerfond 238
Hühnerleberaufstrich 241
Hühnertascherln mit Paradeisersauce 184

Kaffeepudding 212
Kalbfleisch in Mangold 45
Kalbskopf mit süß-saurer Sauce 142
Kalbsleber, saure, mit Weintrauben
und überbackenem Erdäpfelpüree 169
Kalbsniere mit Chicorée und Pilzen 168
Kalbsrahmbeuschel mit Schwammerln 167
Kalbsrücken mit Sauerrahm-Thunfischcreme
und Tomatensalat 164
Kalbsstelze mit Fenchel 165
Kalbswadlgulasch mit Topfennudeln
und fritiertem Paprika 166
Kalbszunge, gesottene, mit Okraschoten ... 193
Kalbszungensalat mit Karotten und Petersilie .. 44
Kalbszüngerln, gesurte, mit Bratäpfeln 190
Karpfen in Essigsauce 88
Kärntner Kasnudeln 202
Kasnocken 199
Kaspreßknödel 200
Kavalierspitz in Blauburgundersauce 141
Kirschenkonfitüre 251
Kirschstreusel-Schnitten 224
Kitz, saures 27
Kletzen-Mohnstrudel, gekochter 218
Kohlrabi, gefüllte 114
Kohlrabisuppe, kalte 62
Kotelett vom Rind mit Blauburgundersauce
und Kohlsprossengratin 136
Kraut und Rüben 112
Kräutermischung 239
Krebsenpaprika 34
Krebsensuppe 56
Krensuppe mit Surstelze 59
Kürbis-Cannelloni 31
Kutteln, gratinierte, mit Steinpilzen und Mais 153

Lachs mit Linsen 72
Lachsforelle, gefüllte 73
Lammbeuschel mit Curry 171

Lammkeule mit Bohnen 155
Lammsattel mit gedämpftem Salat 172
Lebkuchenauflauf 234
Lebkuchenherzen 234
Likör von grünen Nüssen 251
Linseneintopf mit Hühnerbügerln 186

Mangoldrouladen mit Reis und Safran 110
Maronirahmsuppe 66
Milchbrot-Marillen-Pofesen 232
Mohnkuchen 221
Mürbteig 247

Nudelteig 245
Nußmakronen 222

Ochsenmaulterrine 46
Ochsenschlepp in Erdäpfelpüree 174
Ofen-Zwetschken 209
Ovomaltine-Kuchen 220

Palatschinken mit Räucherforelle
und Sauerkraut 78
Paprika, gefüllte 148
Paradeiserkompott 250
Parasole, gebackene, mit Pilzsauce 102
Parmesanchips 245
Pesto 245
Petersilienrahmsuppe 62
Pfirsich-Käse-Bäckerei 29
Pilzaufstrich 240
Polentanudeln 29
Poularde, gebratene, mit Braterdäpfeln 126

Quittenkompott nach Günter Rochelt 251

Rahm-Kalbsvögerln mit Spargel, Kresse
und jungen Erdäpfeln 143
Rahmschwammerln 102
Räucherforellencreme mit Fenchelkraut 36
Rehrücken mit Selleriepüree
und Wermutsauce 150
Reisauflauf mit Himbeerchaudeau 227
Reisfleisch 147
Rhabarberkrapfen mit Traminer-
Mandelmilchschaum 228
Rheinanke mit Sauerkraut
und Sardellensauce 92
Ricotta-Spargel-Terrine 22
Rindsfilet, mariniertes, mit Spargel
und Limetten 46
Rindsgulasch mit Semmelknödeln 138
Rindslungenbraten, pikanter 173
Rindsrouladen 140
Rosmarinbrot 248

Saibling, gedämpfter, mit Kohlrabi und
Limettensauce 79
Saibling-Lasagne 80
Salzburger Nockerln 222
Sanddornkonfitüre 250
Sardinen mit Kräuterbröseln und Limetten . . . 36
Sauerampfersuppe 63
Saurüssel, panierter, mit Senfsauce
und Erdäpfelsalat 194

Schleie, gedämpfte, mit Paprika-Weißkraut . . . 90
Schokoladebrioche 224
Schokomus mit Schwarzbeersauce 213
Schokomus, weißes 213
Scholle, gebackene, mit Erdäpfeln und Kresse 93
Schwarzbeernocken 211
Schwarzbeerschmarren 235
Schwarzwurzel-Gratin 107
Schwarzwurzelsuppe mit Safran 68
Schweinebackerln, geschmorte 191
Schweinebackerlsalat mit Käferbohnencreme . 48
Schweinshaxerl-Nudeln mit Gerstelkraut 196
Schweinskopf-Sulz 195
Schweinslungenbraten mit Essigkapern
und eingebrannten Erdäpfeln 177
Schweinsschopf, gesurter 191
Schweinsschopf-Schnitzel mit Bärlauchspinat 178
Seezunge mit grünen Bohnen, Pfirsichen
und Scampi 96
Sommergemüse in Salat 21
Spargel mit Morcheln, Brennesseln
und Heurigen 24
Spargel-Erdäpfel-Terrine mit Weinsauce 105
Spargelpudding mit Parmesansauce 106
Spargel-Reissalat 25
Spinatmus mit Spargel 108
Spinatrisotto 109
Spinatsuppe mit Waller 59
Stanitzel mit Preiselbeerobers 229
Steinpilze auf drei Arten 104
Sugo für Spaghetti (drei Arten) 242
Szegediner-Gulyas 149

Tafelspitz, gesottener, mit Kochsalat 135
Tomaten mit Truthahn-Sardellen-Creme 35
Topfen-Kren-Aufstrich 240
Topfen-Zitronencreme 214
Topinambur-Kohlwickler mit Wurst 119
Topinambur-Pizza 121
Topinambursuppe 66
Truthahnbrust, gesurte, mit Sauerkrautfülle . . 189

Wachteleierragout 18
Wallergröstl 87
Walnußtorte 230
Weizentascherln mit Schweinefleisch
und Chinakohl 197
Wiener Schnitzel mit Petersilerdäpfeln
und Salat 144
Wildhasentörtchen mit Apfel-Krautsalat 51
Wintersuppe mit Topinambur 67
Wolfsbarsch mit Rettich und
Gewürzbuttersauce 95

Zander, gebratener, mit Balsamicoessig
und Topinamburschalotten 86
Zanderfilet mit Sardellen und Bohnensalat . . . 84
Ziegenkäsekuchen und Sardellen 27
Ziegenkitz, gebackenes 155
Zimtknödel mit Marillenragout 235
Zucchiniblüten, gefüllte 20
Zucchininudeln 117
Zwiebelrostbraten 146

Lexikon

Aranzini: kleingehackte kandierte Pomeranzen- bzw. Orangenschalen; Orangeat

Beiried: Roastbeefstück, Entrecôte
Beuschel: Lunge
Bierrettich: Radi
Blättrig schneiden: in feine Scheiben/Streifen schneiden
Bologneser Salat: Romana Salat

Dampfl: Hefevorteig

Eierschwammerl: Pfifferlinge
Einsiedegläser: Einmachgläser
einsuren: pökeln
Erdäpfel: Kartoffeln

Faschieren: durch den Fleischwolf drehen
Fisolen: grüne Bohnen
Fleckerln: in Rechtecke geschnittenes Gemüse oder Nudeln
Fleischhauer: Metzger

Gebirgswermut: auch Magen- oder Wiegenkraut genannt. Würziges, aromatisches, aber sehr bitteres Kraut, vorsichtig zu dosieren
Gerissener Kren: geriebener Merrettich
Germ: Hefe
Geselchtes: Geräuchertes
Graukäse: magerer Sauermilchkäse aus der Steiermark

Hagelzucker: grobkörniger Zucker
Hamburgerspeck: geräucherter Speck
Häuptlsalat: Kopfsalat
Hendl: junges Huhn
Heurige: Frühkartoffeln
Holler: Holunder
Hühnerbügerl: Hühnerschenkel

Jause: Brotzeit, Vesper
Jungzwiebeln: Frühlingszwiebeln

Käferbohnen: Feuer- oder Prunkbohne (rosa-schwarz gescheckt)
Kalbshaxerl: Kalbsfuß
Karfiol: Blumenkohl
Kavaliersspitz: Schaufeldeckel vom Rind
Kitz: junge Ziege
Kletzen: Dörrbirnen
Koch: Süßspeise, ähnlich wie ein Auflauf
Kochsalat: z.B. römischer Salat
Kohlsprossen: Rosenkohl
Krapfen: in Schmalz gebackenes Hefegebäck
Kren: Meerrettich
Kristallzucker: Haushaltszucker

Marille: Aprikose
Mehl, glattes: feingemahlenes Mehl
Mehl, griffiges: grobgemahlenes Mehl
Milchner: Geschlechtsteile des männlichen Fischs

Navet-Rübchen: weiße Rübchen
Nockerln: Spätzle, Klößchen

Obers: Sahne
Ochsenschlepp: Ochsenschwanz

Palatschinken: Pfannkuchen
Panier: Panade
Paradeiser: Tomate
Pfefferoni: Peperoni
Pignoli: Pinienkerne
Powidl: Pflaumenmus

Ribisel: Johannisbeeren
Rieddeckel: Zwerchrippendecke beim Rind
Rindslungenbraten: Rinderfilet
Rollgerste: feine Graupen, Perlgraupen
Rote Rübe: rote Bete

Schabzigerklee: Bockshornklee
Schlagobers: Schlagsahne
Schopf: Kamm, Nacken vom Schwein
Schotten: aus Buttermilch hergestellter Quark; ersatzweise Ricotta
Schwarzbeeren: Heidelbeeren
Schweinshaxerl: Schweinsfuß
Schweinsschopf: Schweinehals, -kamm
Selchfleisch: gepökeltes geräuchertes Schweinefleisch
Selchsuppe: Kochwasser von Selchfleisch
Speckwurst: österreichische Wurstspezialität, auch für die Jause verwendet
Stanitzel: spitze Tüte aus Teig oder Papier
Staubzucker: Puderzucker
Sturm: Federweißer
Surstelze: Eisbein

Topfen: Quark
Trebern: beim Keltern der vermahlenen Weintrauben anfallende Rückstände. Im Weingut besorgen.

Wanne, Wandl: Terrinenform mit hohem Rand
Wuzeln: drehen, rollen

Ysop: auch Eisenkraut oder Kirchenseppli genannt. Aus dem Orient stammendes Würzkraut, dessen frische Blätter und junge Triebe feingehackt den Speisen zugefügt werden.

Zeile: österreichische Brötchensorte